目次

はじめに……2
一、福島城の名残はどこに？……3
二、福島城の歴史を辿る……12
三、絵図・資料に見る福島城郭……27
四、幕末の動乱と福島城（『板倉家御歴代略記』から）……49
五、「福島城」の開け渡し……58
おわりに……61
参考文献……62

はじめに

福島市民のなかでは、福島市に城があったことを知っている人はそう多くない。中心市街地が城下町であったことも知らない人が多いのではないだろうか。それは福島城が明治初期に城に関わる施設のすべてを破却したことが原因であろう。また福島の町は明治維新後、福島県庁所在地になり、近代化を促進し、そして生糸や米の集積地など、商業中心地としての経済活動が目覚ましく発展した。城の跡には公の機関など新しい建物が築かれていった。その結果福島城は破却され埋没し、いつしか市民から忘れ去られていった。

かつての福島にはお城があり、城下町であったその名残を見つけることから始めよう。

一、福島城の名残はどこに？

・城の庭園だった紅葉山公園

県庁の敷地内にある紅葉山公園は、かつて福島城御殿の庭園であった。現在の板倉神社の後ろ付近に空堀があり、それに続く阿武隈川岸に水路があり、藩主はここから船を出して舟遊びをした。また緊急時の避難通路としての役割も備えていたと考えられる。事実幕末の動乱期に藩主や家中がここから船を使って渡利仏眼寺へ一時避難している。公園はかつて「二の丸御外庭」と呼ばれ、湧水からの水を湛える池があり、板倉重寛《しげひろ》が元禄十五年（一七〇二）福島城へ入った時には、茶室を建て「御茶屋」と呼ばれていた。奥（南）には築山があり、柊の木が植えてあったという。後年御茶屋は取り壊され、築山は明治になって板倉神社が移された。

写真１　福島城址（福島県庁）

写真２　二の丸庭園（紅葉山）に御茶屋があった。明治に板倉神社が建てられた

写真３　わずかに残る土塁（県庁舎南側）

・わずかに残る土塁

城を囲む堀と土塁のほとんどが消滅したが、県庁舎南側の敷地にわずかに土塁が残っている。それは西庁舎の南に庁舎脇から鉤《かぎ》型になり、阿武隈川へ向って延び一部が残っている。土塁は旧大島要三邸（杉妻会館）の庭に利用され、現在の土塁の高さは約二～三メートルで、わずかに残る城跡の証拠である。

・福島藩や米沢藩の廻米を積み出した河岸跡

現在、市の施設として市民に利用されている御倉《おぐら》邸は、旧日本銀行福島支店長宅である。ここは、江戸時代は福島河岸で、阿武隈川を利用した舟運の津出し場であった。ここには福島藩の寄蔵や米沢藩の米蔵があり、宮城県の荒浜を経由して江戸へ運ぶ廻米や、福島への輸入物資が運ばれた。現在、米沢藩米蔵であったと伝える建物が移築されており、また、阿武隈川の岸辺には河岸跡の石組が見られる。

上杉氏が米沢一五万石になり、信達地方は幕領となる寛文四年（一六六四）、江戸商人の渡辺友意《ともい》が私財を投じて、福島から丸森まで川底を深くし改修したと伝える。

寛文十年（一六七〇）幕府は年貢米を安全に江戸へ輸送するため、航路開発を江戸の商人河村瑞賢に命じて、翌寛文十一年に再改修した。船は小鵜飼《こうかい》舟と呼ばれ、舟底浅く鵜飼船を改良し、急流に適した舟で丸森まで航行した。

船の長さは七間二尺（約一三・二メートル）・幅五尺三寸（約一・六メートル）・深さ二尺一寸（約〇・六メートル）で、積載量九六〇貫（約三六〇〇キログラム）、平均米四〇俵を積んだ。丸森で船を替え艜舟《ひらたぶね》で荒浜まで運んでいる。艜舟は平たい箱型の船で、一艘に米一〇〇俵ほど積載することができた。

輸送を請負ったのは、はじめは渡辺友意、そして渡辺十右衛門が宝暦年間（一七五一～六

写真４　福島河岸跡の石組

三）まで、明和年間（一七六四～七一）から上総屋幸右衛門が行った。

米沢藩の廻米輸送については、米沢藩役人福島河岸出役（出張）であった池田権右衛門宗昌の御用日記『福島日記』が残されており、寛政六年（一七九四）と寛政九年（一七九七）の記録がある。それによると、寛政六年十二月福島河岸出役上村条右衛門と交代のため、十二月七日水沢出役石丸常蔵と羽黒堂で待合わせの約束をして米沢を出立、夜中五ツ（午後八時）に板谷へ着き四郎兵衛宅に宿泊した。

翌八日は吹雪のため四ツ半（午前十一時）に出発して七ツ（午後四時）李平《すももだいら》宿に到着、そして庭坂宿には夜中四ツ（午後十一時）に着き、穀宿の阿部源左衛門を訪ねる予定であったが、阿部家に不幸があったため御用宿の善左衛門宅へ泊まった。九日朝出発して、八ツ（午後二時）に福島に着き、穀宿の金沢弥五兵衛を訪ねるが、

写真５　米沢藩河岸蔵と伝える（河岸蔵跡御倉邸）

御領主様（藩主板倉氏）の出迎えのため須川まで出向き不在であった。同行の石丸常蔵はその日河岸陣屋に泊まったとある。

翌寛政七年（一七九五）正月十日には、舟三艘に御米一二九俵を積み川下げし、無事に水沢へ着いたと記している。

翌十一日には、昨日の残り壱艘四三俵を積み出し川下げして、初川下げと御蔵開きの御祝いをし、客を招いて飲食している。

そして二十六日・二十七日・二十八日に米が入荷し、二月十三日・二十六日に米が運び込まれ、三月五日に御登米《おのぼせまい》二二五俵を小鵜飼舟五艘で川下げ積み出している。この日は快晴であった。

このように米沢藩廻米を福島河岸から阿武隈川を下り、荒浜そして江戸へ運搬している。

渡利に弁天山があり、現在公園となっている。弁天山の由来は、貞享二年（一六八五）渡辺友意が舟運の守護神として江州（滋賀県）竹生島《ちくぶしま》の弁財天を分霊勧請し、河岸弁天として椿山山頂に祀ったことからである。元禄十五年（一七〇二）板倉氏が領主になると、弁天山の頂上から福島城を見下ろすことを嫌い、ふもとの天神河岸付近に移したといわれる。明治になって弁天堂は荒廃したため、上名倉の長勝寺に移され今に至っている。

•町名に見る城下町の名残り

福島市に城があり城下町であったことを示すものに町名がある。中心部には北町・上町・本町・中町・荒町など城下町特有の町名は今も残っている。文禄二年（一五九三）に大森城主となった木村吉清（会津の蒲生氏郷《がもううじさと》の客臣）が杉目城へ移り、福島城と改名し、大森から町名を写し城下町の整備に力を入れたことに始まる。それまで交通の中心だった舟場町から腰浜へかけての宿場から城周辺へと移り、柳町・荒町・中町・本町・上町と整備が進むと職人や商人が集まり、

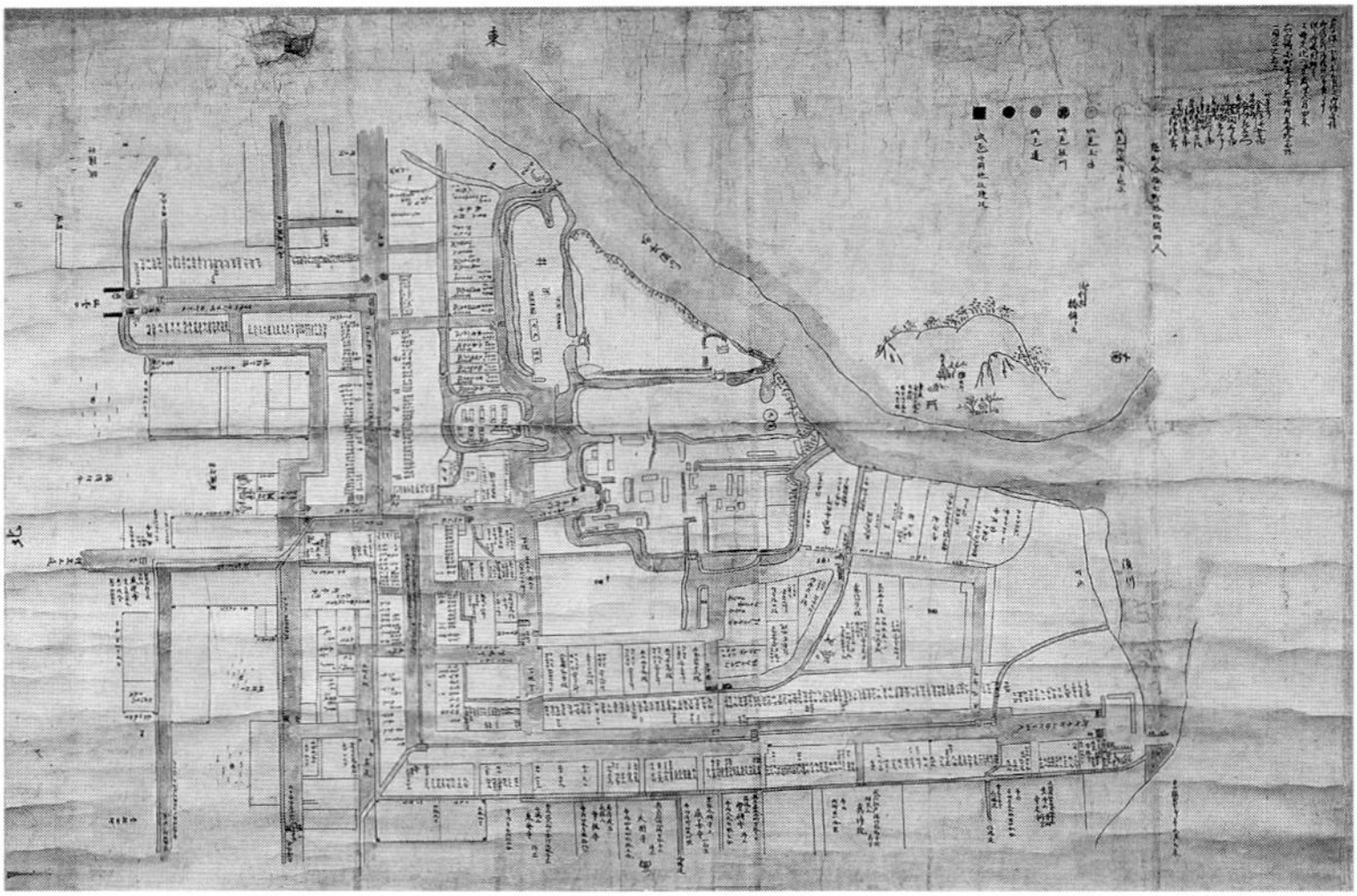

写真６　福島城下惣町絵図　享保20年（1735）に作られたものを文化２年（1805）に写したもの（福島市教育委員会蔵）

街道と城下町がより賑わうようになった。その後上杉氏の支配を経て、福島藩の成立する本多・堀田氏へ移るにつれさらに城下町が整えられていった。

須川口（信夫橋北）と呼ばれ枡形があった福島城下へ入り柳町・荒町・中町と続き、東へ曲がり本町・上町へ、左へ曲がり上町からさらに北南町（現在北町）そして馬喰町《ばくろちょう》（現在豊田町）へ進み、仙台口の枡形になっていた。これを本通り七カ町といわれ宿場町でもあった。

•寺院が並ぶ西裏の通り

中町・荒町・柳町の西側通称西裏の通りに寺院が並んで建っている。寺は城下町にとって重要な場所で、城に代わる軍事的な施設でもあった。

文禄二年（一五九三）に大森から福島（当時杉目）へ本拠地の城を移した木村吉清は、大森にあった城下も福島へ移した。西裏の常光寺・誓願寺・城福寺および上町にあった普門寺なども大森から移された。城福寺と普門寺は廃寺になり現在はない。真浄院は以前から東裏《ひがしうら》と呼ばれ、旧城郭内にあった遍照寺が改称され移されたもので、西裏通りに寺町がつくられた。

・お城に神輿を繰り入れた福島稲荷神社の祭礼

稲荷神社は、江戸時代福島藩総鎮守とされ藩主の庇護を受け、福島城下の総鎮守でもあった。元禄二年（一六八九）の棟札には「御守護堀田下総守紀氏正仲公」とあり、元禄八年（一六九五）に堀田正虎が「御能之図」の絵馬を奉納している。元禄十五年（一七〇二）板倉氏が福島三万石で入城し、三代勝里は、社殿を修復し、その時の棟札には「于時元文五庚申年八月遷座　陸奥国信夫郡福島城内家中総鎮守　正一位稲荷大明神之社造営之棟札」とあり、また代々藩主が絵馬を奉納し四枚が現存している。

毎年十月初旬に行われている秋の例大祭は、各町内から山車が出て笛太鼓の囃子《はやし》が響き、賑やかに催される。江戸時代中頃から城下あげての祭りであり、藩主が福島城に在城の際には祭

写真７　堀田正虎奉納絵馬「御能之図」（福島稲荷神社資料、福島県歴史資料館蔵）

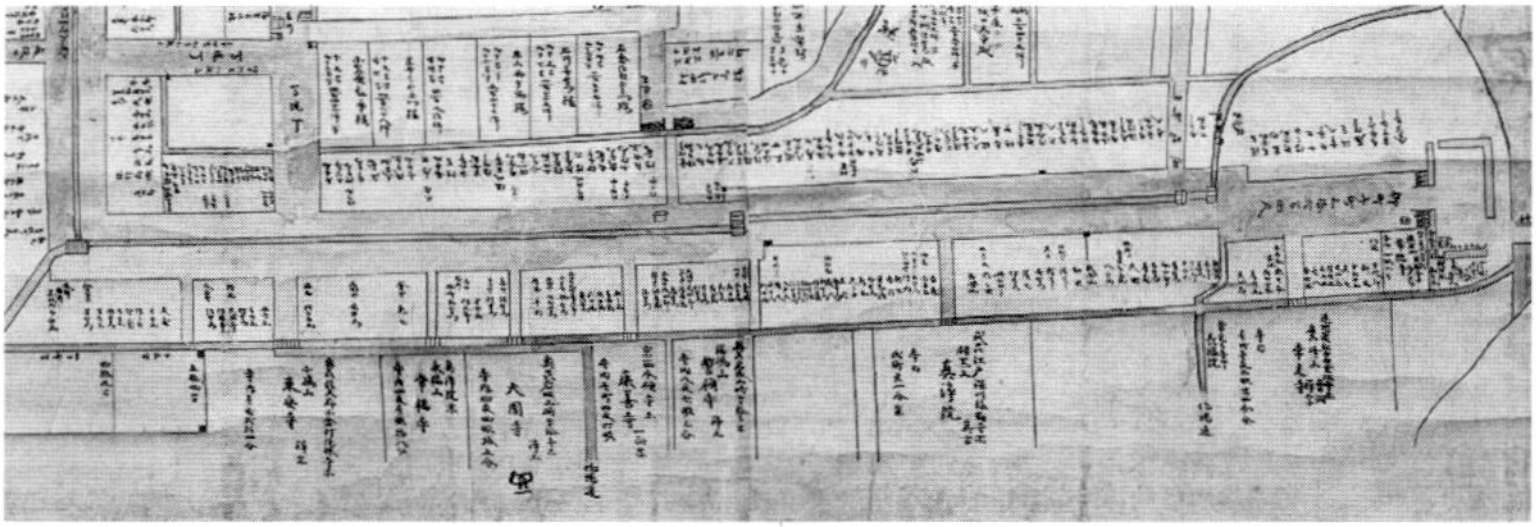

写真８　福島城下惣町絵図　柳町・荒町・中町　鉤型になる道と西側に寺院が並ぶ
（福島市教育委員会蔵）

りの神輿が城内へ繰り込み、大手門付近での手踊りを藩主や家中が桟敷を設けて見物したと記録に見える（『政事集覧』）。

その時の踊りはどの様な形であったかは想像もできないが、稲荷神社の祭礼は城や城下最大の年中行事の一つであった。

・城下町に見られる鉤型道路の跡

旧国道信夫橋から柳町へそして荒町へ続く旧奥州街道には、二か所の鉤型になっていた場所がある。信夫橋付近の歩道橋から北を見ると道路がカーブしている部分が見え、そこがかつて鉤型になっていた。明治十四年（一八八一）四月二十五日柳町の銭湯から出火し、強風にあおられた火が市街地の大半を焼失したいわゆる「甚兵衛火事」の後、翌年道路県令として名高い三島通庸《みしまみちつね》は、区画整理を行い道路網の整備に着手し、鉤型の道路はゆるいカーブに改修された。鉤型は稲荷神社西側にもあったが、今はゆるいカーブになっている。

・お城の鎮護の稲荷

板倉氏が藩主の江戸時代には、本丸に稲荷神社が祀られていた。板倉氏が福島城へ御霊社を江戸から移した折に、しばらくの間本丸の稲荷社へ安置されていた。本丸の稲荷は古くから祀られ、築城当地から城の守護神としたと思われる。因みに現在も県知事公館内に稲荷神が祀られていると聞く。

舟場町長楽寺西の石垣の上にある社は、三の丸鎮守で艮《うしとら》（北東）を鎮護する稲荷社で、出世稲荷といわれている。また現在紅葉山公園板倉神社の脇に杉目稲荷神社がある。この神社は上町旧郵便局の敷地にあったもので、明治に移された。この稲荷神社も城の艮の守り神とされていた。

信夫橋を渡った枡形脇に柳稲荷がある。柳町にある稲荷から柳稲荷といわれたという。城下の入口にある稲荷社は城下鎮護でもある。

・福島城水と町用水

須川を水源とする福島城下の町用水は、御殿水とも呼ばれ、大町にある現在の「まちなかひろば」一付近で分水され、旧四号国道柳町方面と大町から城中そして北町へと城下を流れ、阿武隈川へ流れ出た。

宝暦十一年（一七六一）四月の「御巡見様御止宿ニ付諸事控帳」（『福島市史資料叢書第52輯穀三文書I』）に城水について次のようにある。

一福島城水之事
是は水揚口之儀は御料所（幕領）笹木野村地内にて須川より水揚申候て、宇都宮御領野寺村（宇都宮藩分領で下村陣屋支配）より当領福島村へ引通、城水并に町用水ニ往古より取来申候。

とあり、城水いわゆる御殿水と町用水は須川から引かれたとある。また明治初年の『信達二郡村誌』には「福島用水渠　上野寺田中ニ於テ天戸川ヲ堰引シ、笹木野村ヨリ西南隅薬師堂ニ入リ、福島道（高湯街道）ニ循テ東流シ、東部六本松ヨリ福島ニ入ル」とある。

二、福島城の歴史を辿る

現在の福島県庁舎周辺の敷地は、江戸時代福島藩の藩主居住のほか、軍事と藩政を行う城として、御殿や内役所さらに武器蔵・書物蔵・塩噌蔵ほかに武家屋敷、家中長屋、廐などの建物が建ち並んでいた。周囲には堀と土塁が廻り、追（大）手門・中門（筋鉄門）・西門・東門・北門などが建ち並び、そして太鼓櫓《やぐら》と呼ばれた隅櫓では、時を知らせる太鼓が打ち鳴らされていた。周辺には城下町が広がり、また奥州街道沿いに家並みが形成され、毎月市《いち》が立ち並び賑わったのである。

城の歴史は古く、名を杉妻《すぎのめ》城あるいは大仏《だいぶつ》城とも称され、それぞれの時代の有力者が居住あるいは軍事政務の拠点として利用されてきた。

杉妻城（杉目城）・大仏城といわれた時代

天保十二年（一八四一）に著された『信達一統誌』には、「杉妻城は一名、大仏城ともいい、平泉実記に杉妻の砦城とあり、すなわちこの城なるべし」とあり、また「治承四年（一一八〇）源頼朝が挙兵の時、義経に従い西へ向い信夫杉妻太郎行信（佐藤行信）が佐藤荘司元治に別れを告げとあり、すなわち治承年中には杉妻城に居住したことになる」と記している。佐藤行信という人物については不詳であるが、奥州平泉藤原氏の政権下、佐藤氏一族の居館とも推察される。

文治五年（一一八九）七月源頼朝と軍勢は平泉藤原氏打倒のため鎌倉を出発し、八月に石名坂、阿津賀志山の激しい戦いで平泉軍を破り、北進して終に藤原氏を攻め滅ぼした。それまで平泉政権下にあった奥羽地方は、武士の統率が改められ、御家人である関東武士が所領として各地を与えられ、伊達郡一帯は、石名坂の戦いなどで軍功があった常陸《ひたち》入道《にゅうどう》念西《ねんさい》の所領となり、伊達氏を名のるようになった。佐藤元治は許され信夫庄に返されたと『吾妻鏡』に記されており、信夫地方のどこかに居住したとみられる。後の南北朝期に佐藤一族は足利方の北朝につき、軍功を挙げ、伊勢へ移っている。

大仏城をめぐる合戦

　鎌倉時代の信達地方の大部分は伊達氏による支配が続き、室町時代の応永二十年（一四一三）鎌倉府の支配下にあった南奥羽に力を持った伊達持宗（松犬丸）が、掛田城主懸田《かけだ》定勝《さだかつ》と諮《はか》り、五～六〇〇〇騎の軍勢を率いて大仏城に立て籠もって反乱を起こし、鎌倉府が遣わした二本松城主畠山国詮と戦った。城は岸壁上にあり、容易に落ちない堅固な要害であったとされている。畠山軍は援軍を求め漸く攻め落としたといわれ、この時の城は「大仏城」といわれていた。

　戦国時代の天文二十二年（一五五三）に書かれた伊達家の文書に「杉目（杉妻）館」という語句があり、この頃には大仏城ではなく、杉目

写真９　大仏城跡出土宝塔

（杉妻）城といわれるようになったと思われる。

現在、県庁敷地内の紅葉山公園にある県重要文化財の宝塔は、明治元年（一八六八）に福島城二の丸土塁跡（県庁西庁舎西側付近）から出土したものである。台座に「弘安六年（一二八三）癸未四月廿日」と彫られて、塔身の中央に遺骨を納める穴があり、供養塔であることから、鎌倉時代には寺院があり、のちに「杉目大仏」といわれる大仏像が安置されていたことから、大仏城ともいわれたのである。

・伊達政宗の祖父伊達晴宗の隠居城

政宗の祖父晴宗は、父稙宗との内紛から南奥羽動乱を引き起こした天文の乱後、天文十七年（一五四八）居城を桑折西山から米沢に移し、永禄八年（一五六五）に輝宗に家督を譲って杉目城に隠居し余生を送り、天正五年（一五七七）十二月五日この城で亡くなっている。晴宗は祖先の霊や戦いで亡くなった家臣の霊を慰めるた

写真10　伊達晴宗墓　晩年を杉妻城で過ごした（福島市宝積寺）

め建立したという城近くの琥珀山宝積寺に葬られ、現在境内に墓石の五輪塔がある。

晴宗の死後、杉目城には夫人の久保《くぼ》御前《ごぜん》と末子の直宗が居城したが、天正十二年（一五八四）に直宗が亡くなり宝積寺に葬られた。

伊達政宗、連歌の会を催す

戦国期に伊達氏が南東北一帯へと侵攻し、勢力を拡大していた天正五年正月、伊達氏は杉目

城で連歌の会を催している。この時の城主は伊達晴宗であった。天正十三年（一五八六）政宗は塩松城（二本松市岩代町）の大内定綱《さだつな》を攻め落とし、さらに二本松城の畠山氏を攻め滅ぼし、天正十六年（一五八八）に佐竹・蘆名連合軍と安積郡で合戦した。次いで会津へ侵攻し翌十七年（一五八九）蘆名義広を破り会津を手に入れ、同年須賀川城を攻略し、福島県中通りおよび会津地方を支配下に入れた。近年の福島城や二本松城の発掘調査で、伊達氏の家紋入りのある木杯が出土発見され、その証とされる。

写真11　福島城堀跡出土漆器　伊達家の家紋がある木杯（福島市教育委員会蔵）

「福島城」という名称

天正十八年（一五九〇）豊臣秀吉の奥羽仕置により翌十九年蒲生氏郷に会津黒川城および政宗の福島県内の旧領の大部分を与えた。城主氏郷はまもなく会津黒川の名を若松と改めた。氏郷は会津および信達地方さらに田村地方をも領し一〇〇万石の大名となり、各地の支城を築いて、それぞれに武将を配置した。大森城には客臣である木村吉清を配置し、信夫五万石を与えた。吉清は大森城に入ったがまもなく杉目城へ移り、名を「福島」と改め、同時に城下町の整備が行われた。吉清が杉目城に来たのは文禄元年（一五九二）頃とされ、文禄三年（一五九四）には京都へのぼり福島を去った。その後吉清の旧領は蒲生氏の御蔵入となり、信達地方には複数の代官が派遣され分割支配となった。

写真12　木村吉清位牌
（福島市真浄院蔵）

・福島城の破却

文禄四年（一五九五）五月、豊臣秀吉は浅野長政に命じて、若松・米沢・白川・田村・二本松・白石・津川の七城を除いた他の城を、悉く破却するよう命じた。その時福島城も取り壊され、城内は開墾され耕地となり年貢の対象地になった。このことは慶長三年（一五九八）にできた年貢目録に「高八十一石八斗三升三合福島城跡」（『福島市史２』）とあり、福島城は土塁や堀はそのままで建物は破壊されたとみられる。

蒲生氏は突然宇都宮へ転封となり、慶長三年一月蒲生氏に替って越後春日山城主上杉景勝が会津九二万石の領主となり、信夫・伊達地方も上杉氏の領地となり、ほどなく佐渡・出羽庄内を併せ一二〇万石の大名になった。

景勝は会津城を拠点とし、会津および中通りの大部分を領内二八か所に支城を築き武将を城代として配し、防備に当たらせた。信夫・伊達両郡には、福島・梁川・宮代・保原・大森の五城を設け、福島城には、はじめ水原親憲《すいばらちかのり》そして本庄繁長を、梁川城には須田大炊介《おおいのすけ》長義が城代となった。

・上杉氏支配の福島城

福島城の城代には最初水原親憲を任じたが、のちに本庄繁長を当て政宗の侵入に備えた。

天正十九年（一五九一）秀吉の命により米沢から岩出山城へ移った政宗は、旧領地伊達・信夫地方を奪還しようと幾度となく福島へ侵攻し、福島城代本庄繁長など武将と戦った。数度の合戦で激戦が行われた。福島城は蒲生時代、文禄四年（一五九五）に破却され荒廃していたと思われるが、伊達氏の侵攻に備えるため、福島城の改築整備を進めたことは想像できる。

この時期の城は、寛文四年（一六六四）の「福島城下絵図」（貞享四年（一六八七）の写（写真19）、米沢市上杉博物館蔵）により推察すると、本丸は三角形の地形になっており、本来の四角形が阿武隈川によって削り取られたことが分かる。

本丸の広さは東西五〇間（約九〇メートル）、南北三五間（約六三メートル）で、その北および西は二の丸で周囲を堀と土塁で囲み侍町とあり、その西にも侍町とあり土塁と堀で囲み、北に枡形のある大手口がある。本丸の北の二の丸北も土塁と堀があり外側は侍町でさらに土塁と堀を巡らしている。

写真13　本庄繁長着用甲冑
（福島市長楽寺蔵）

城の北東には足軽町があり、城内本丸周囲に家臣団の屋敷と思われる侍町や兵所の施設があったとみられる。本丸まで三重の堀と土塁を巡らした強固な造りであった。本庄繁長など上杉氏の武将と伊達氏の武将が福島城をめぐり、激しい戦いが行われた。

福島城をめぐる戦い　―松川の合戦―

豊臣秀吉が天下を掌握しても戦国の余燼がくすぶるなか、慶長三年（一五九八）三月に政宗は伊達氏発祥の地伊達・信夫地方を奪還しようと福島へ幾度となく侵攻、上杉氏の各将と合戦におよんだ。

慶長五年の関ヶ原合戦まで、上杉氏は伊達氏の侵攻を抑えるため、福島城および城下の整備は欠かせなかったと思われる。この時期に城郭および惣構《そうがまえ》の城が整備されたと思われ、城代は本庄繁長であった。

政宗の福島侵攻はたびたび行われ、伊達家の記録『貞山公治家記録』によると、慶長五年十月三日に政宗は伊達郡へ侵攻するため、白石城に着陣し、須田大炊介長義が城代の梁川城の武将横田大学《だいがく》に密かに内通し、攻略を試みるが失敗し、六日には白石城を出陣し国見山に本陣を構える。

伊達軍は桑折を通り福島を攻めると同時に、別働隊を藤田から西の山裾を廻り、かねて伊達氏に心を寄せる農民が多い庭坂・大森へ進み、会津と米沢との通路を抑え、福島城へ攻める計画であった。

政宗は桑折へ侵攻すると、上杉方の援軍として米沢から駆け付ける途中、伊達氏に心を寄せる庭坂の農民たちが上杉氏の武将を襲撃した。

これを知った福島城の本庄繁長軍は、庭坂の農民の逆心を恐れて妻子を人質に取ったとある。

そして政宗軍は福島へ攻め進み合戦となり、いわゆる松川の合戦となる（『伊達治家記録』）。この時の伊達・上杉合戦については軍記物の『東国太平記』に記載されており、年月が全く異なるため疑問点が多いが、次のようにある。

巻十五の「政宗信夫郡焼働」に、三月二十四日（慶長五年か）二万余の兵と白石城に着陣、二十七日に信夫郡へ侵攻、方々の民家に放火

写真14　『東国太平記巻十五』
（福島県立図書館蔵）

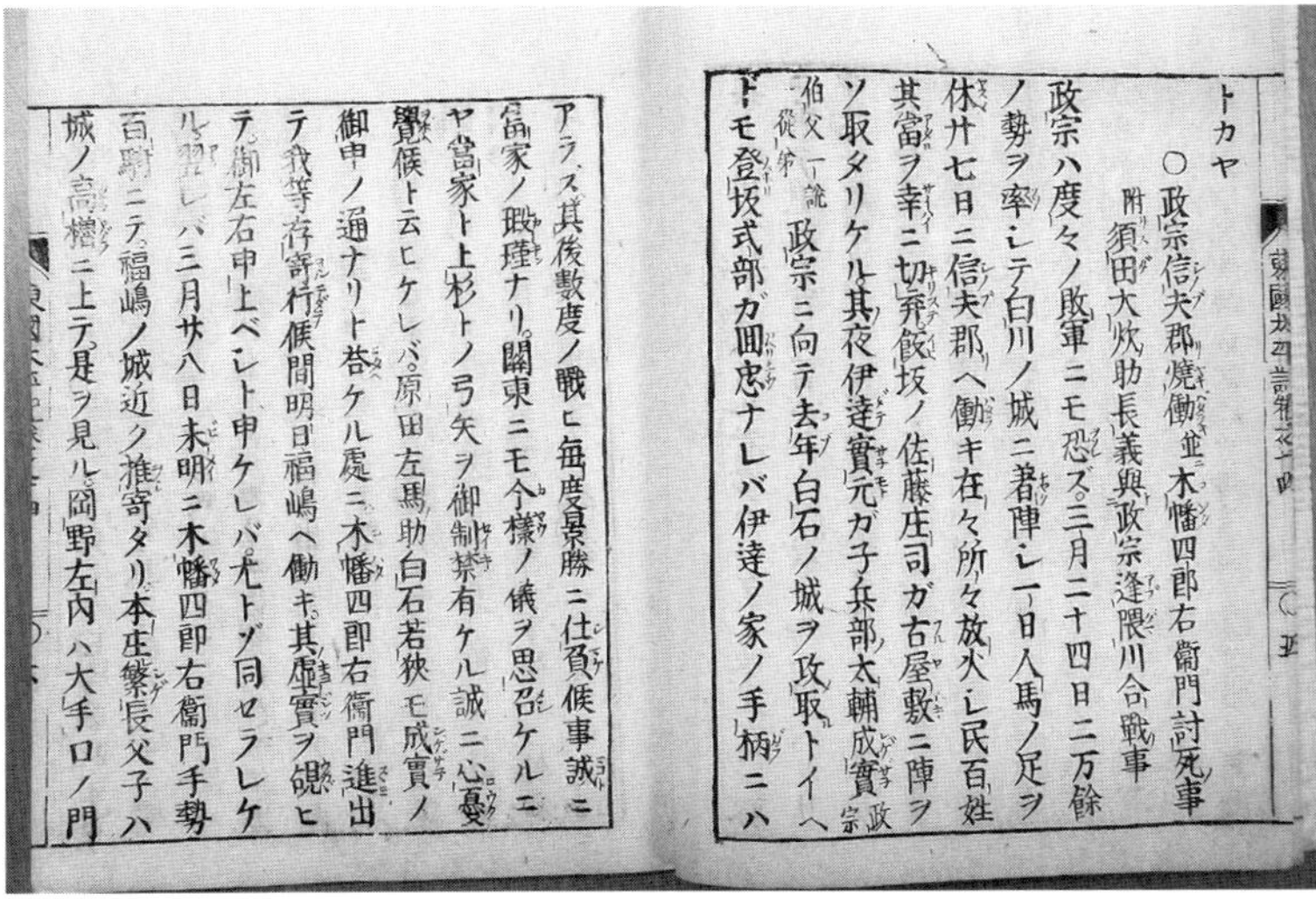

トカヤ
○政宗信夫郡焼働並木幡四郎右衛門討死事
附須田大炊助長義與政宗逢隈川合戦事
政宗ハ度々ノ敗軍ニモ恐ズ。三月二十四日ニ万餘ノ勢ヲ率シテ白川ノ城ニ着陣シ一日人馬ノ足ヲ休廿七日ニ信夫郡ヘ働キ在々所々放火シ民百姓其當ヲ幸ニ切弃飯坂ノ佐藤庄司ガ古屋敷ニ陣ヲソ取タリケル。其夜伊達實元ガ子兵部太輔成實（政宗伯父一説従弟）政宗ニ向テ去年白石ノ城ヲ攻取トイヘドモ登坂式部ガ囬忠ナレバ伊達ノ家ノ手柄ニハ

アラズ其後數度ノ戰ヒ毎度景勝ニ仕負候事誠ニ當家ノ瑕瑾ナリ。關東ニモ今様ノ儀ヲ思召ケルニヤ當家ト上杉トノ弓矢ヲ御制禁有ケル誠ニ心憂覺候ト云ヒケレバ。原田左馬助白石若狭モ成實ノ御申ノ通ナリト荅ケル處ニ。木幡四郎右衛門進出テ我等存寄候間明日福嶋ヘ働キ。其虚實ヲ窺ヒテ。御左右申上ベシト申ケレバ。尤トゾ同セラレケル。然レバ三月廿八日未明ニ木幡四郎右衛門手勢百騎ニテ。福嶋ノ城近ク推寄タリ。本庄繁長父子ハ城ノ高櫓ニ上テ。是ヲ見ル。岡野左内ハ大手口ノ門

写真15　『東国太平記巻十四』（福島県立図書館蔵）

し、飯坂の佐藤庄司の古屋敷に陣を置いた。

二十八日未明、伊達軍の木幡四郎右衛門が手勢一〇〇騎で福島城へと進んだ。本庄繁長は福島城の高櫓に上りこれを見て、岡野左内は大手口門の矢倉から伊達軍の騎馬隊を具に観察し、誘いに乗らず出陣の時を見定めた。木幡軍二〇騎が城近くに攻め入った時、岡野左内が矢倉を降りて門を開き出撃した。岡野左内の姿を本庄繁長と見間違えて怯んだ木幡の軍へ、岡野左内の軍は鉄砲を撃ちかけると、木幡の軍勢は退いて遂に木幡四郎を討ち取った。

政宗方と鉄砲の撃ち合いとなり、本庄方の優勢で退いた政宗は、梁川の須田大炊を攻めるが伏せ兵の鉄砲の襲撃に遭い、白石城へ引き退いた。

次に『松川合戦政宗攻福島城事』（巻之十五）には次のようにある。

慶長六年（五年か）四月十七日政宗は、片倉小十郎景綱など二万五〇〇〇を率いて福島城を攻めるため白石城に進んだ。二十一日白石を発ち小山へ出張した。

上杉方は六〇〇〇を率いて福島城を出て松川（当時の松川は信夫山の南を流れていたとされている）に陣を取る。伊達方は百姓に金銀を与え上杉勢の様子を探り、四月二十六日未明小山の陣を発ち、二万の兵とともに瀬上を通り松川へ侵攻して来た。

本庄出羽守繁長・杉原常陸介・甘糟備後守などを中心とする上杉軍は、政宗方が松川を渡るのを待ちかね、岡野左内は手勢五〇騎で川岸に陣を置くと、他の武将も続き七、八〇騎が川を渡った。

そこに片倉小十郎など伊達勢が多勢で攻撃してきた。岡野左内の軍四〇〇ばかりで抗戦するが、多勢に無勢、他の武将も交戦するも討死する者が多く、上杉勢は川を渡り引き返した。漸う福島城へ引き返した。

　福島城の本庄繁長は西門を出て二〇〇〇の兵とともに小高い場所に陣を構え、政宗が信夫山から攻めるのに対陣した。

　一方梁川城の須田大炊介長義は、横田大学、車丹波などと六〇〇〇の兵と出撃し、阿武隈川を挟み伊達軍と対戦、二手に分かれて伊達軍を攻めると、伊達軍は劣勢となり敗退、さらに政宗の本陣を背後から攻め、小荷駄・兵糧・弾薬などを奪い取った。

　これを知った本庄繁長の軍は息を吹き返し、政宗軍を攻めかける。政宗軍はこれに驚き翌七日飯坂・茂庭《もにわ》を通り白石へと逃げ仙台北目城へ帰った。いわゆる松川の合戦といわれる戦いである。

　政宗は旧領奪還を諦めず十月に再び侵攻したが、梁川勢に撃退された。翌六年二月にも梁川を攻略しようとしたが敗退している。六月には上杉景勝と徳川家康との和議が整い政宗の侵攻も終わった（『東国太平記』）。

　伊達氏との合戦については、伊達家の記録『貞山公治家記録』にもあるが、年月が異なる部分があり、前述の内容は史実として疑問が多い。しかし、幾度か上杉方との交戦を現在の福島市周辺で繰り広げられたことは、間違いと考えられる。

•上杉氏の減封移転と福島城

　関ヶ原の合戦の翌年、慶長六年（一六〇一）七月景勝の上洛に対し、家康は会津一二〇万石から伊達・信夫を含む米沢三〇万石に減封を命じた。景勝は米沢城への移封となり、将士たちの禄も三分の一に減らされ、仙道（中通り）の将士は直ちに信夫・伊達に移ることになった。

　本庄繁長は上杉氏の三〇万石への減封によって、秩禄が当初の一万石から三三〇〇石余に減らされた。しかし福島城は廃されず、城代とし

写真16　本庄繁長一族墓（福島市長楽寺）

て在城し、慶長十八年（一六一三）十二月福島で永眠した。その後上杉氏は、慶長十九年（一六一四）大坂の役へ出陣している。

寛文四年（一六六四）上杉綱勝（三代）が急逝すると、世継ぎ問題で米沢一五万石に減封となり、信達地方は幕領となった。それまで福島城には本庄繁長の子充長、重長さらに政長がそれぞれ城代となっていた。

・城代本庄氏から幕領代官

幕領となった信達地方には代官が赴任するが、その時、福島城は城代本庄政長から奥平内蔵助に、梁川城は城代須田秀綱から代官伊奈半左衛門に明け渡された。以後信達地方は伊奈半左衛門支配となり、陣屋を福島城二の丸に置いた。

代官支配になった信達地方は、伊奈半左衛門・半十郎父子が寛文十年（一六七〇）まで、ついで国領半兵衛が福島代官として延宝七年

（一六七九）まで、この間代官所として城内が当てられたとみられるが、主な建物は破却されわずかに残る建物であったとみられる。

・本多忠国《ただくに》の築城計画

延宝七年（一六七五）本多忠国が、大和（奈良県）郡山城から福島一五万石の大名として福島城に入り、新たに桑折西山（伊達郡桑折町）に築城を計画した。本多家文書の「老談叢《ろうだんそう》」（『福島市史7』近世資料1）によると「福島は無城之地に御座候」とあり、このことにより福島城が手狭な老朽化した建物であったと推測され、また「本多忠国年譜」（『福島市史7』）には、「和州（奈良県）郡山城を改め、三万石加増ありて、奥州福島の城地下され、合わせて拾五万石に成し下され、城築くべき旨、仰せ蒙る」とあり、一五万石に見合う城を新たに築城する計画であったことが分かる。

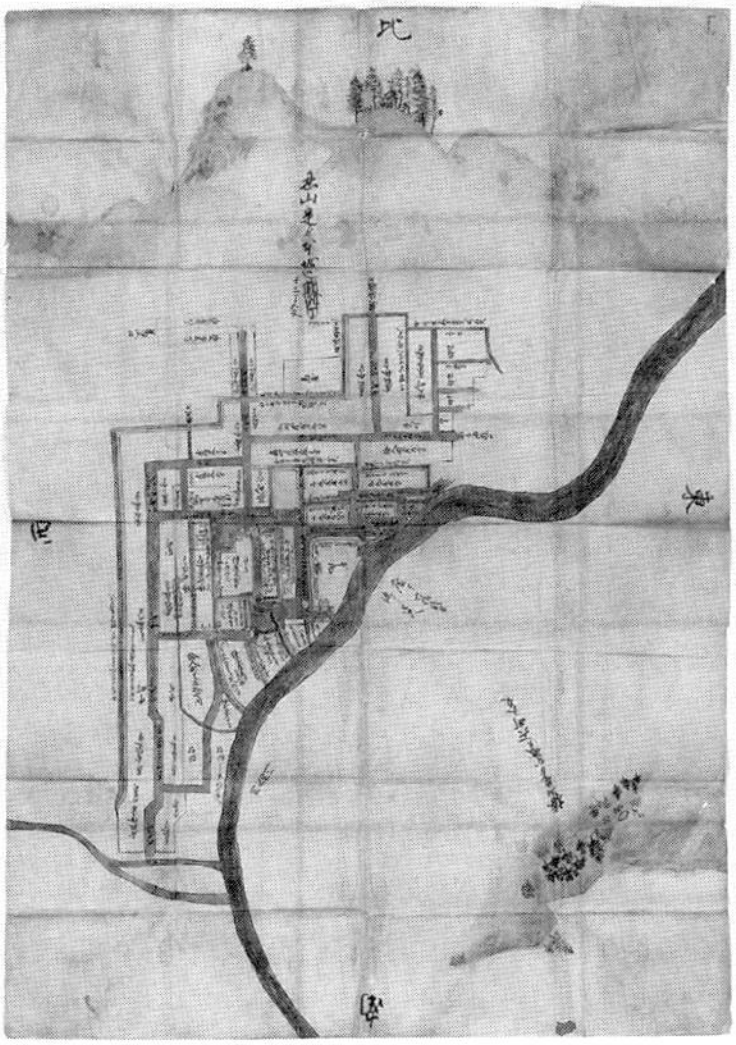

写真17　奥州福島之図　作成年不明
（大分市中根家蔵）

本多氏の家臣数は一〇〇〇人前後とみられ、福島にはこれを収容する施設が足りなかった。上杉氏が削封されると同時に、福島城は破却され、御城なく御陣屋という御屋形のみであったのである（『福島市史2』）。

そこで本多氏は老中の許可を得て桑折西山に築城を計画し準備に入った。

しかし本多忠国は天和二年（一六八二）二月に、わずか三年足らずで播磨国（兵庫県）姫路城へ移され、築城は実現されず、信達地方は再び幕領代官支配となった。

・堀田正仲の入城と城内の整備

貞享三年（一六八六）堀田正仲が山形から福島一〇万石で入城した。当初「城なくして家人等の住居すへき家宅もなし」と堀田正仲時代の記録「常楽公記」（『福島市史7』）にあり、荒廃していた城内が想像できる。

城内には周囲に御側衆《おそばしゅう》のみ居住し、諸役人や多くの家臣は町屋に居住したと考えられる。

年不詳であるが、堀田氏時代の城内絵図（写真18）を見ると、表門（大手門）から入り正面に御殿が見える。城地二の丸に藩主の居住である御殿が作られている。

御殿は書院・広間・年寄部屋・次の間・三の間・溜間《たまりのま》など、政務の部屋があり、また、奥には小姓部屋・御居間・奥御居間・小納戸など藩主の生活の空間、さらに奥には奥之方・長局の

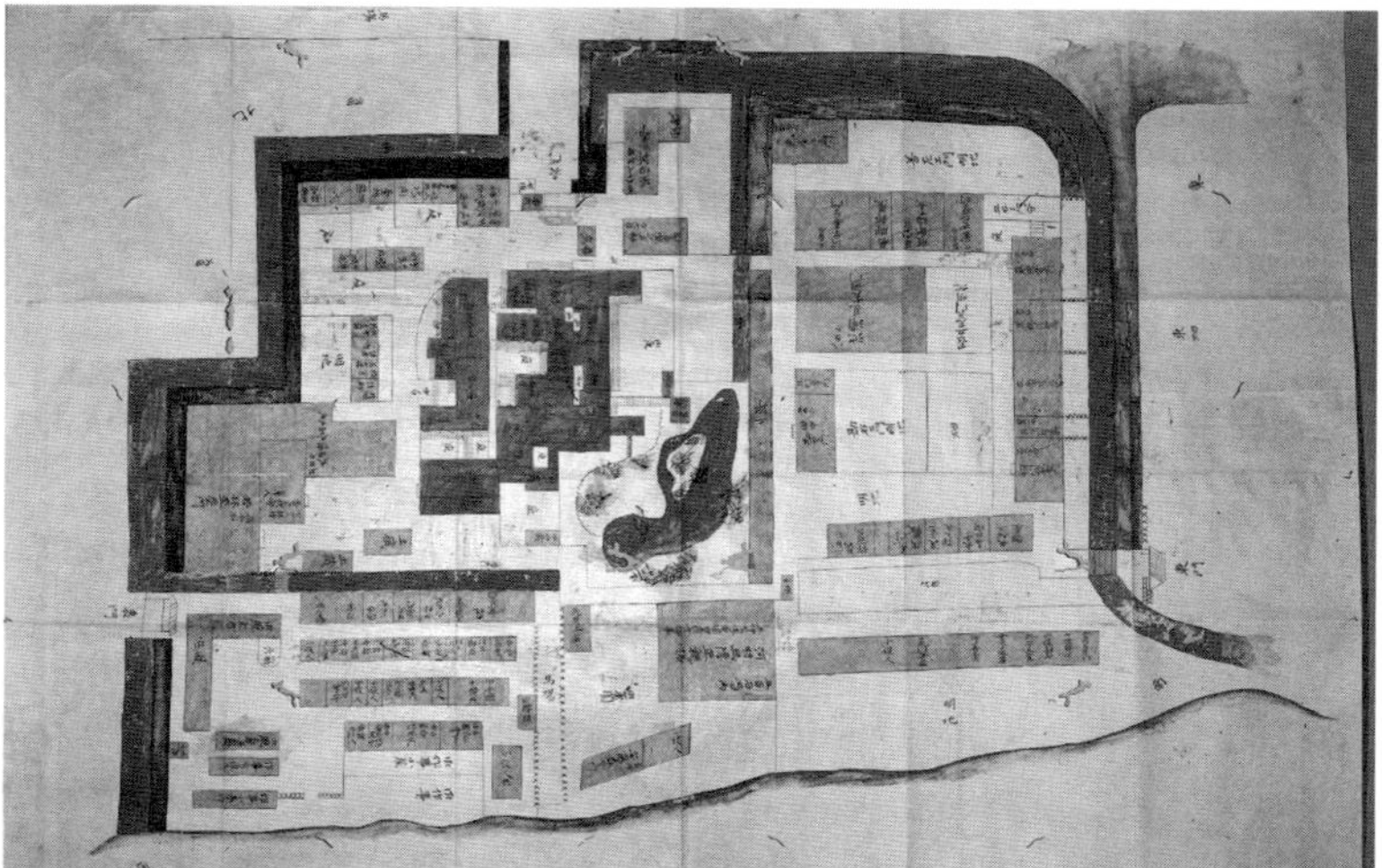

写真18　堀田氏時代福島城内絵図「奥州福島御殿并御屋敷割図」
（公益財団法人日産厚生会佐倉厚生園病院蔵）

奥方の住まい、そして右には上台所・下台所・御膳場・用人部屋など調理の部屋がある。

左奥には池や築山など庭園があり、この堀田氏時代に修築し建てられたと考えられる。

ただしこの絵図の裏に「御《お》側向《そばむき》重役之分　斗《ばかり》住居」とあり、側近の者だけが城内に居住し、ほかの諸役人の住宅は城外の町屋に居住していたことが記されている。御殿の廻りに家中の屋敷がある。

藩政のことを記した『常楽公記』によると「福島に転し移ることいよ〱悪地にして旧領に比すれハ歳入殆と半に減しける」とあり、山形一〇万石に比べ、同じ一〇万石でも実質は少ない数量であった。また家臣の俸給を減らし、衣服は絹を禁じ木綿での出仕を命じている。養蚕の盛んな福島の絹織商売を統制するため、絹改役を置いた。また漆税や御林、金山などについて調査をしている。

このように堀田氏時代の福島城は城内の整備が行われたが、一〇万石としては貧弱であったことが、城内絵図からも想像できる。しかしこれができ得る限りぎりぎりの施設であったとも考えられる。

堀田正仲の跡目を継いだ堀田正虎は、元禄十三年(一七〇〇)正月に旧領の山形へ復帰した。福島周辺は、またも幕領となり代官柘植伝兵衛が命ぜられた。

・板倉重寛が福島三万石の城主になる

元禄十五年(一七〇二)十二月、板倉重寛が信濃国坂木(長野県坂城《さかき》町)から三万石で福島藩主となり、以来明治二年まで一二代にわたり板倉氏が一六七年間城主として藩政に当たった。

板倉氏の藩祖板倉重昌《しげまさ》は徳川家康の近習で、譜代大名の名門である。重昌は寛永十四年(一六三七)島原の乱で鎮圧の総大将となり、総攻撃を行って戦死を遂げている。

板倉氏は、渋川氏と称したが、下野国（栃木県）板倉郷を領した時に板倉と称したと伝える。太祖は三河国額田郡（愛知県岡崎市）で家康に仕え、慶長六年（一六〇一）勝重の代に、初代の京都所司代に就任している。

島原の乱で戦死した重昌の子重矩《しげのり》は寛文五年（一六六五）老中に就任し、下野国烏山城主五万石を拝領、その子重種《しげたね》は、武蔵国岩槻（埼玉県岩槻市）城主となり六万石を領し、江戸城西の丸の老中を兼務し徳川幕府の重鎮であった。

しかし重種の跡目相続のことが家中での争いとなったことから幕府の怒りにふれ、五万石に減じられ板倉氏は二家に分けられた。長子重寛には信濃国坂木に三万石、甥の重宣《しげのぶ》には上総国高滝《たかたき》二万石を与えられた。高滝は現在の千葉県市原市高滝で重宣は高滝藩を立藩した。

信濃国坂木三万石の板倉重寛は、元禄十五年十二月福島三万石の領主を幕府から命ぜられ福島藩主となり、それまで坂木での陣屋支配から城主に復帰した。

この時板倉氏にとって大きな慶びであったと伝えている。以来板倉氏が福島城主として一六〇年余、明治維新まで続くのである。

三、絵図・資料に見る福島城郭

近世初期の福島城

・貞享四年写「福島城下絵図」（写真19）

福島城郭を描いた図は数えるほどしか残っていないが、その一つ「福島城下絵図」は、貞享四年（一六八七）の写しである。しかし寛文四年（一六六四）の上杉時代の絵図と考えられることから、これを詳しく分析して近世初期の福島城の様子を紐解いてみる。

この図の方角は左が北になり、中央やや上には阿武隈川に接して「本丸平城東西五十間（約九〇メートル）南北三十二間（約五七メートル）」があり、ここは、現在の知事公館の付近で、敷地は三角状になっている。

本丸の左（北）と下（西）には土塁と堀があ

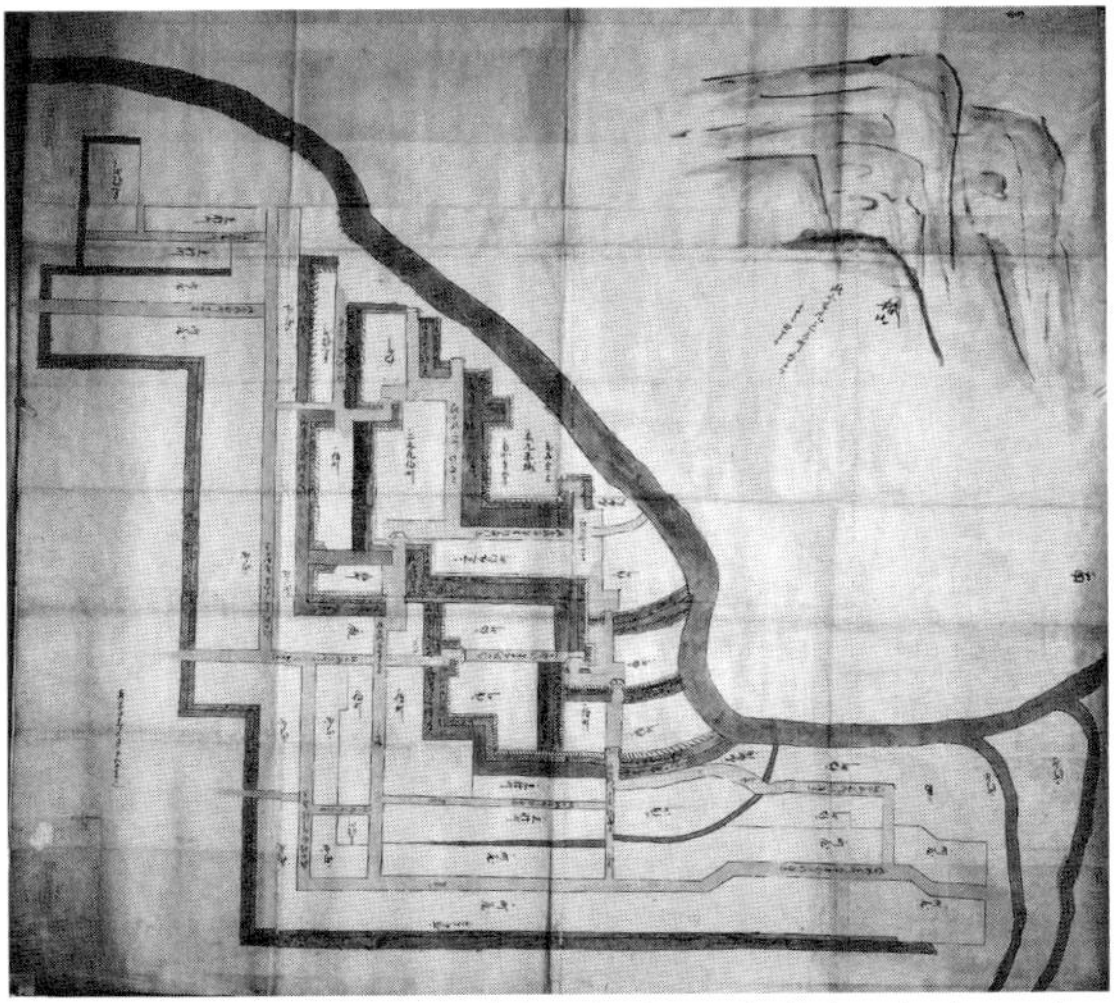

写真19　福島城下絵図　寛文４年（1664）貞享４年（1687）に写したもの（米沢市上杉博物館蔵）

り、土塁の高さ二間三尺（約四・五メートル）、堀は幅（堀広）一〇間（約一八メートル）、深さ二間（約三・六メートル）とある。

古くは四角形の城域であったが、南側を流れる川の氾濫によって削られ三角になったと考えられる。

本丸平城とある部分がいわゆる城の中心であったとみられ、その入口は右下にあり、枡形になり城門がある。この絵図が描かれた時代には、中心として機能したのであろう。

本丸の外側は二の丸で侍町とある。その外側に土塁と堀がある。土塁の高さ六尺（約一・八メートル）、堀幅八間（約一四・四メートル）、深さ九尺（約二・七メートル）である。

本丸南西角の枡形門を出て西へ進み、門をくぐり北へ曲がるとさらに枡形になり門がある。枡形から北へ進むと鉤型になり門がある。ここが後の大手門で、本丸への主要通路であったとみられる。

本丸は三つの門と三重の堀と土塁に囲まれた堅固な城であったことが分かる。後には城の中心が二の丸へ移り、この本丸平城の場所は御殿として使われなくなった。

さらに詳細にみると、この城下絵図には次のようにある。

本丸平城　東西五十間　南北三十五間
　内堀　幅（堀広）十間　深さ弐間
　土居　高さ二間三尺
　門外に枡形
二之丸侍町（本丸の北）
　北土居　長さ百二十間　高さ六尺
　北堀　幅八間　深さ九尺
二之丸侍町（本丸の西）
　西土居　長さ百五十間
　西堀　幅十間　深さ壱間

侍町（二の丸侍町北）

　北土居　長さ九十八間

　北堀　幅八間　深さ七尺

大手門東

　土居　長さ四十五間

　堀　幅四間　深さ七尺

大手門西

　土居　長さ百八十二間　高さ九尺

　堀　幅八間　深さ九尺

中門西

　土居　長さ七十間　高さ六尺

　堀　幅九間　深さ六尺

本丸平城の門から西へ向い足軽町まで三つの門と三重の土塁と堀があり、その外は町屋で、さらに外側に土塁と堀が廻り、城と城下町全体を囲い込んだ防御施設の惣構であった。惣構は戦国期に用いられた本格的な城郭整備である（写真20参照）。この城の築城年代は不明であるが、惣構の城

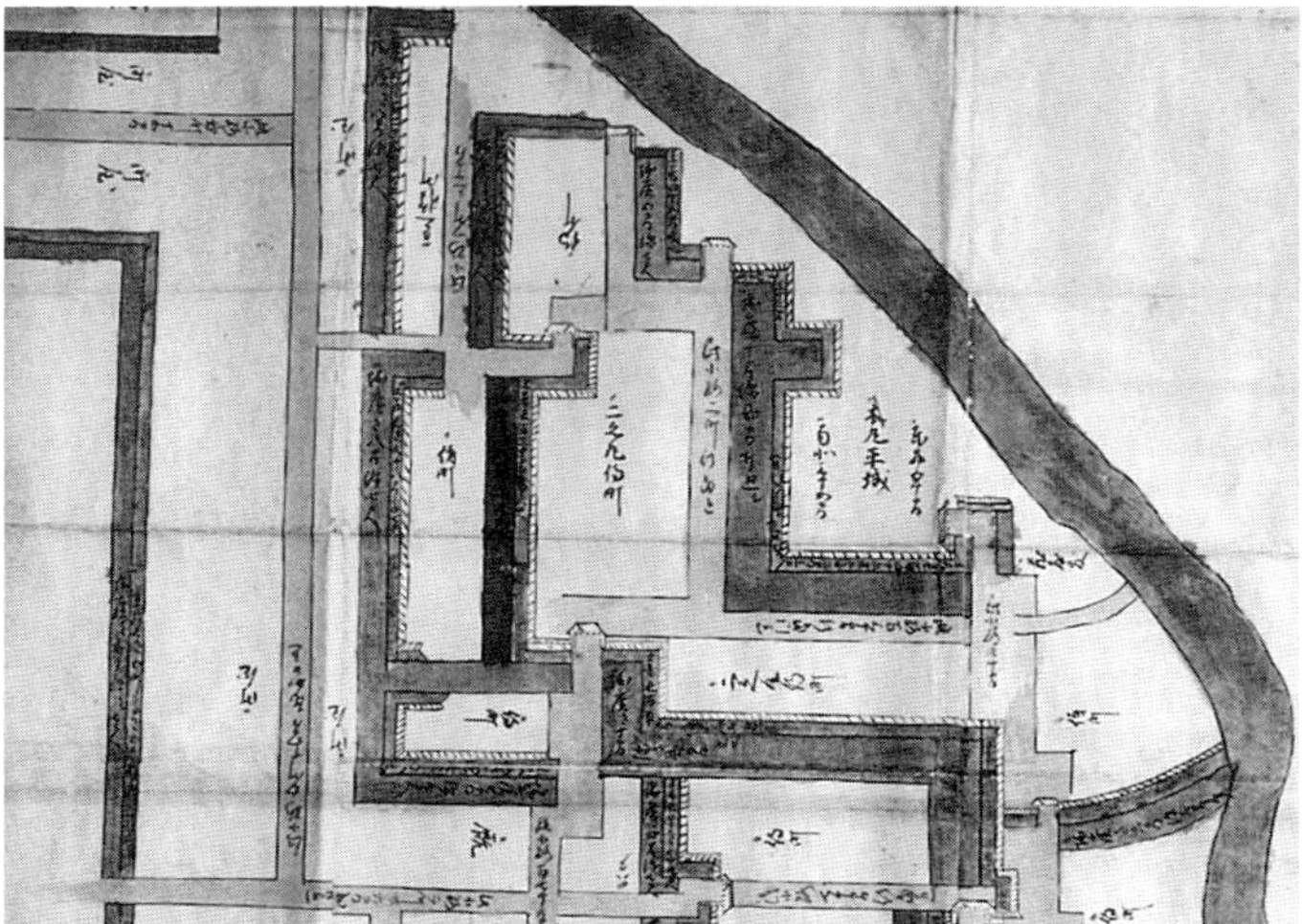

写真20　福島城下絵図部分　寛文4年の絵図とみられる

（米沢市上杉博物館蔵）

であることから、戦国時代に大きく手を入れて整備されたと考えられる。

・「奥州福島之図」（写真17）

―本多氏時代の福島城―

前述の貞享四年写しの城下絵図と比べて大きな違いはなく、本丸は土塁と堀に囲まれ、南西角に表門があり、西（左）に進み門をくぐると枡形があり、北（上）へ進むと大門があり城外へ、西（左）へ進むと門二つを通り城外へと進む。

本丸の西（左）は二ノ丸屋敷、さらに土塁と堀があり侍屋敷でその西も侍屋敷、本丸の北（上）は三ノ丸屋敷を土塁と堀が二重に囲んでいる。

侍屋敷の外側は給人屋敷と記載されている。

・「奥州福島御殿并御屋敷割図」（写真18）

―堀田氏時代の福島城―

延宝七年（一六七九）本多忠国の後、貞享三年（一六八六）堀田正仲が城主となり、二の丸に御殿の整備が行われたとみられ、千葉県佐倉市に残る「奥州福島御殿并御屋敷割図」にその姿を見ることができる。これを見ると上が北になり中央に櫓門の表門（大手門）があり直進すると御殿がある（写真21）。

三ノ間・広間・次ノ間・書院など藩庁、奥に

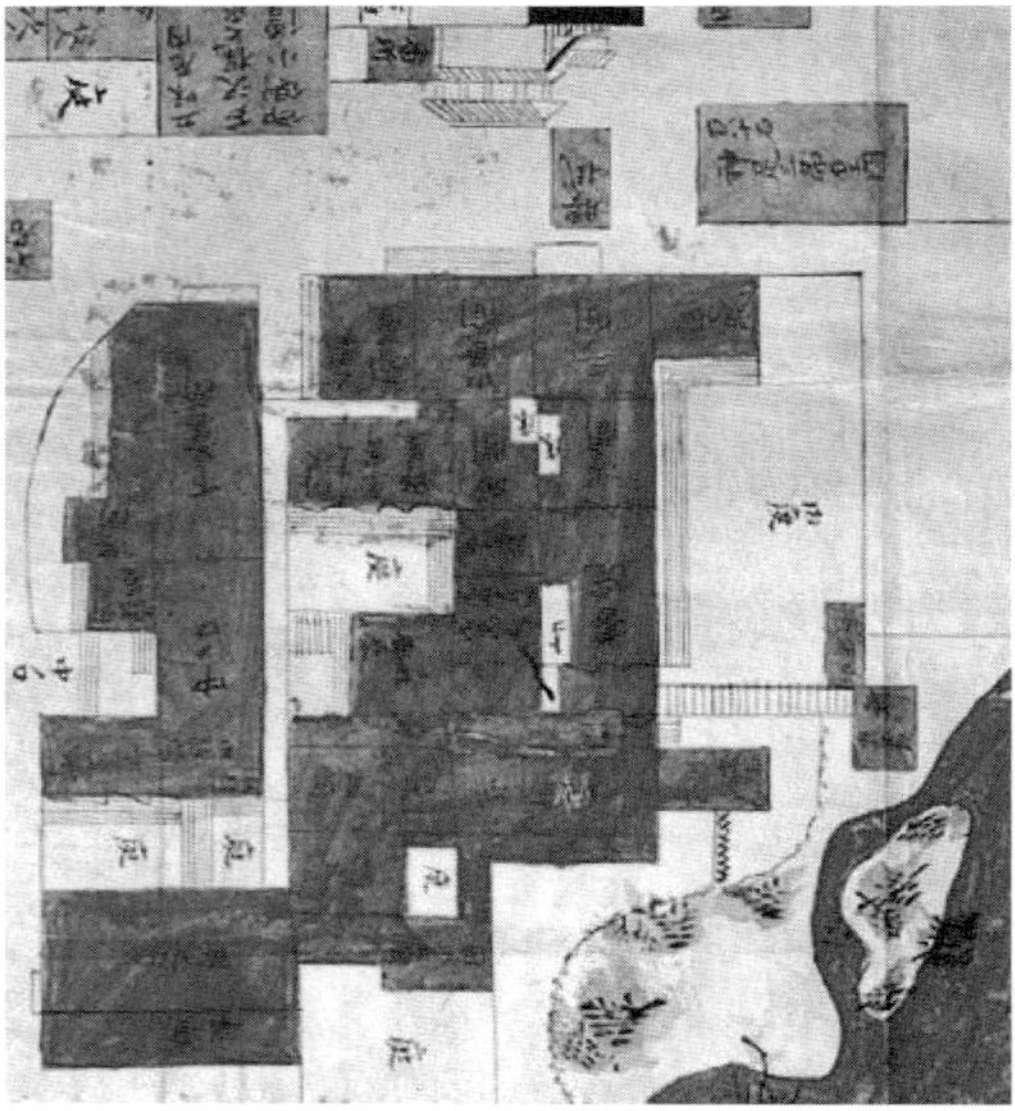

写真21　堀田氏時代福島城内絵図（部分）

は奥之方・長局など、中庭を挟んで西（左）には上台所・御膳場など藩主の生活空間になっている。御殿の南東（右下）には池があり、中島が描かれている。周囲に堀と土手（土塁）があり、西の裏門から堀が御殿へ延びている。

　この絵図は全体が直線的に描かれ実際の形とは異なると思われるが、本丸の場所の記載がなく、下方（南）は阿武隈川とみられることから、本丸は右（東）の「東畑」とある部分が本丸で、東門が本来の本丸門であったとみられる。

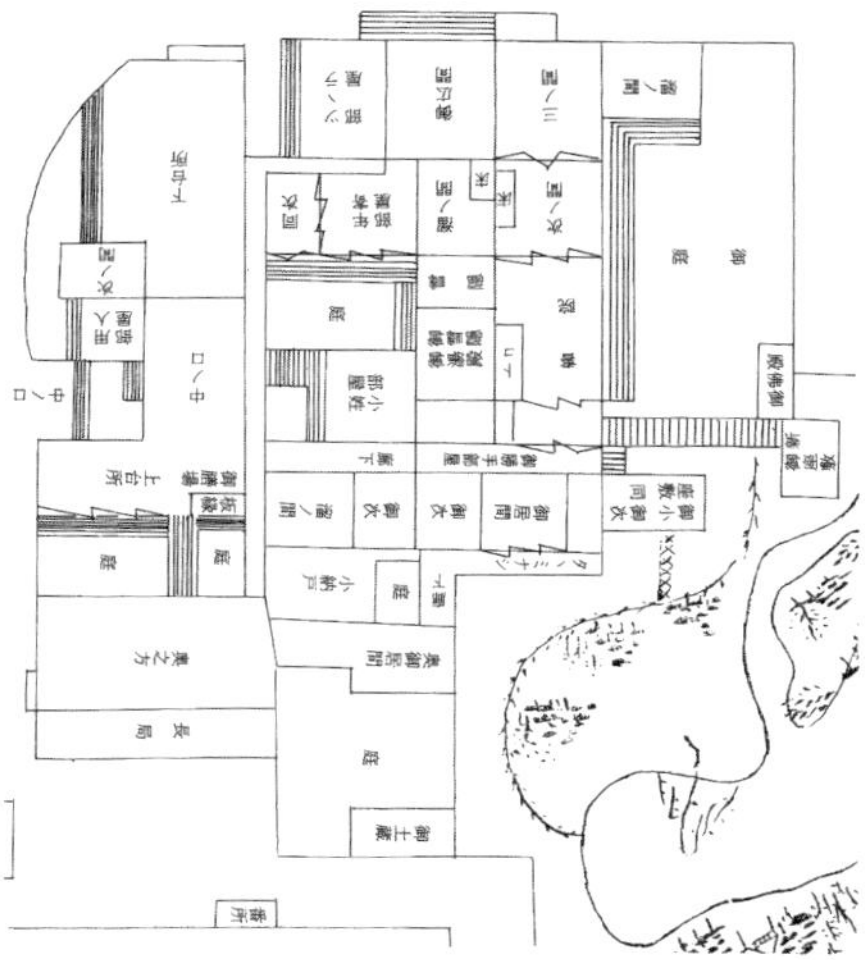

図１　堀田氏時代の福島城内御殿図
（『福島の村絵図』「福島市文化財調査報告書 第39集」より）

　この時すでに何らかの理由で、城の中心である御殿は本丸から二の丸へ移動していたことになる。

　城内御殿周囲には、家臣たちに屋敷を配置している。御殿の東（右）には八百石池浦甚右衛門、その南（下）には二百石田中勘右衛門、その南(下)に二百石長弥右衛門、御殿庭の南(下)には正仲公従弟堀田土佐守こと五百石河村幽隠正親、また御殿の東（右）堀と土手の中に、四百五十石一色善左衛門などの屋敷、三百石河原善右衛門、飛脚部屋を挟み百八十石服部弥太夫、百二十石小倉四郎左衛門などの長屋が配されている。

　御殿の西（左）には二百石大田垣九郎太夫屋敷、そのほか御殿を取り囲むように家臣の屋敷や長屋が建ち並んでいる。
このほか城内には御薬薗や馬場の表示が見える。

・「奥州福島城下大火之図」（写真22）
―板倉氏時代の福島城―

板倉氏は、元禄十五年（一七〇二）十二月福島三万石を拝領し、福島城主となった。福島藩主板倉重寛は、翌十六年（一七〇三）正月十五日に家老の松原十郎右衛門に福島城受けとりを命じ、同四月十八日、幕府代官池田新兵衛より城の引渡しを受けた。

翌宝永元年（一七〇四）藩主板倉氏は行列を組んで江戸から福島領へ入部し、八月十四日に城に入った。以来、明治二年まで福島城主となり、この間城中や城下の整備を行った。

福島藩の記録『政事集覧』によると、板倉氏が福島城へ入って一年余、宝永三年（一七〇六）二月四日の八ツ時（午前二時頃）本町塩屋半三

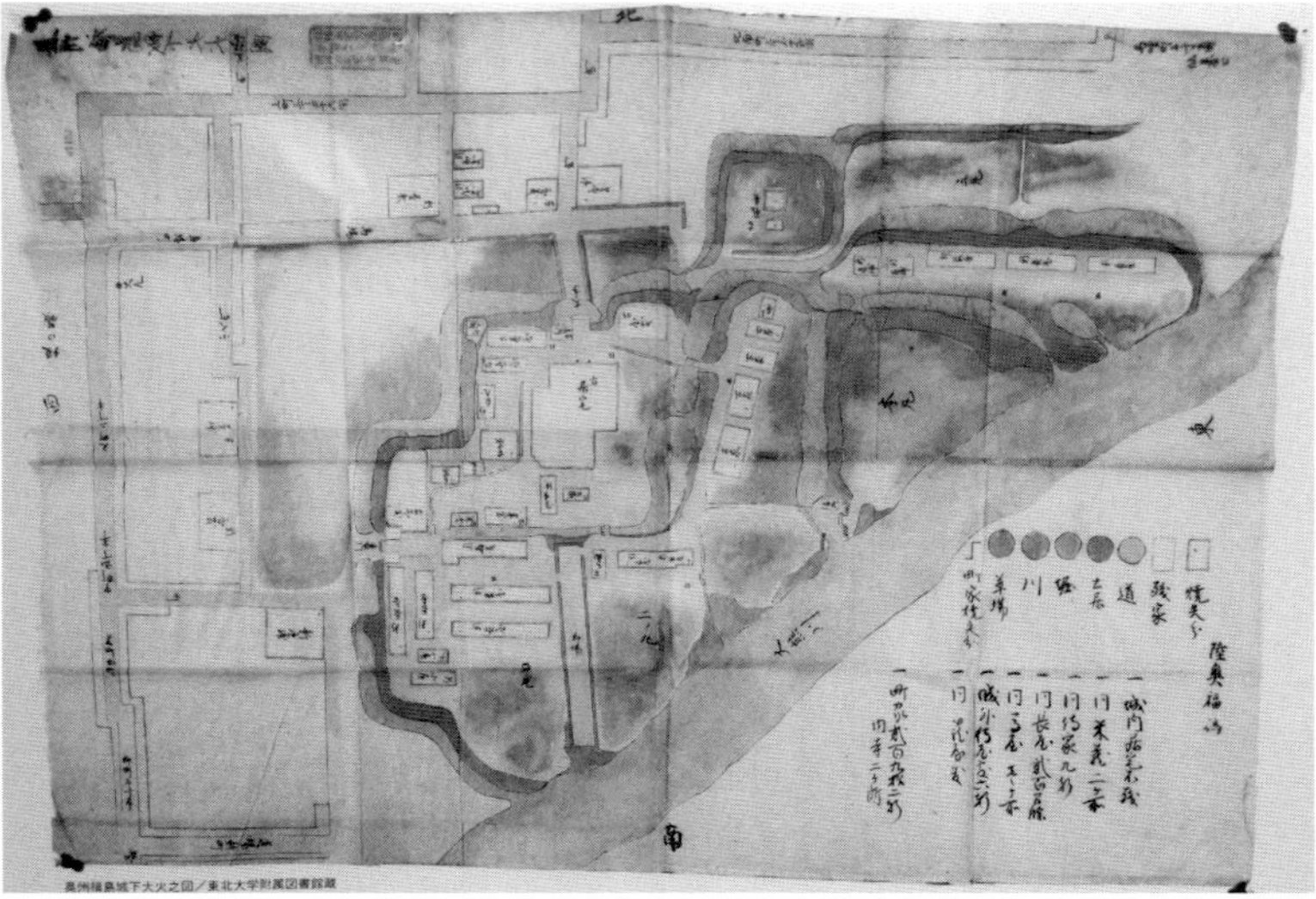

写真22　奥州福島城下大火之図（東北大学附属図書館蔵）

郎宅から出火、火は西よりの強風のなか西御門へ移り、城中御殿焼失した。

その時の類焼を示した「奥州福島城下大火之図」が、東北大学附属図書館蔵狩野文庫にあり、

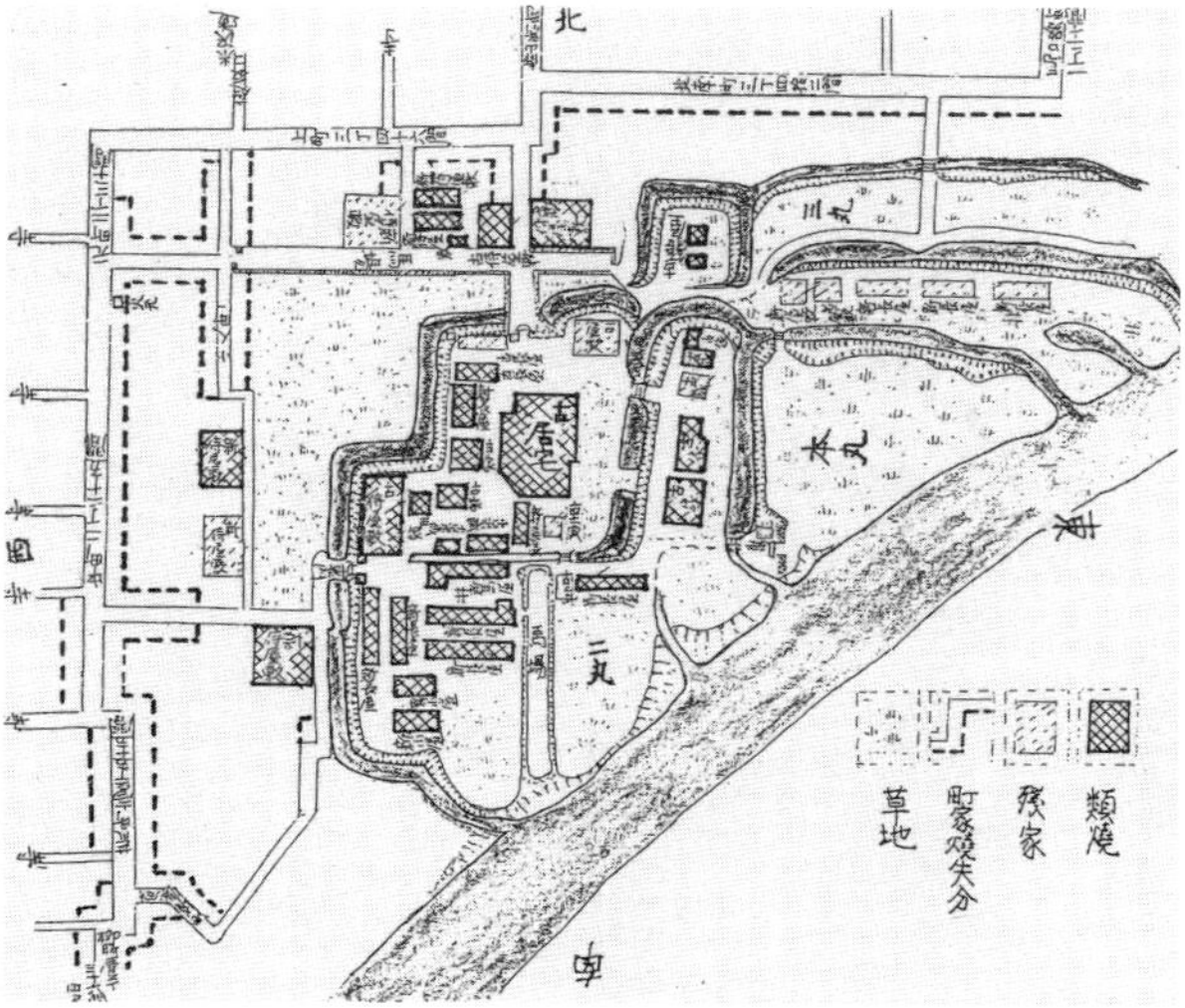

図2　宝永３年福島城下大火之図写
（安田初雄『奥州福島城下の形成』より）

この図をもとに安田初雄氏が「宝永三年福島城下大火之図写」（図2）を作成している。この図を見ると北の表門から真っすぐに進み、中央に居宅（御殿）があり、周囲に侍屋敷が配置され、本丸は草地になっている。

板倉氏が福島城へ入った当時の城中の建物は、堀田氏時代の建物を幕府代官が使用した後、そのまま利用していたと考えられる。

- 「福島城中曲輪之図」（写真23）

福島城は伊達氏、上杉氏の支城そして本多忠国一五万石、堀田正仲・正虎一〇万石の居城であり、城郭の規模は大きく外堀の内側の総坪数は七万五七九〇坪、また城内は三万八〇〇六坪の広さであった。

「福島城中曲輪之図」（『板倉家御歴代略記附図』）を見ると、追（大）手門を入ると大番所があり、東（左）に曲がり土塁と堀に中門がある。そして御殿の玄関へつながる。御殿は二の丸にあり、

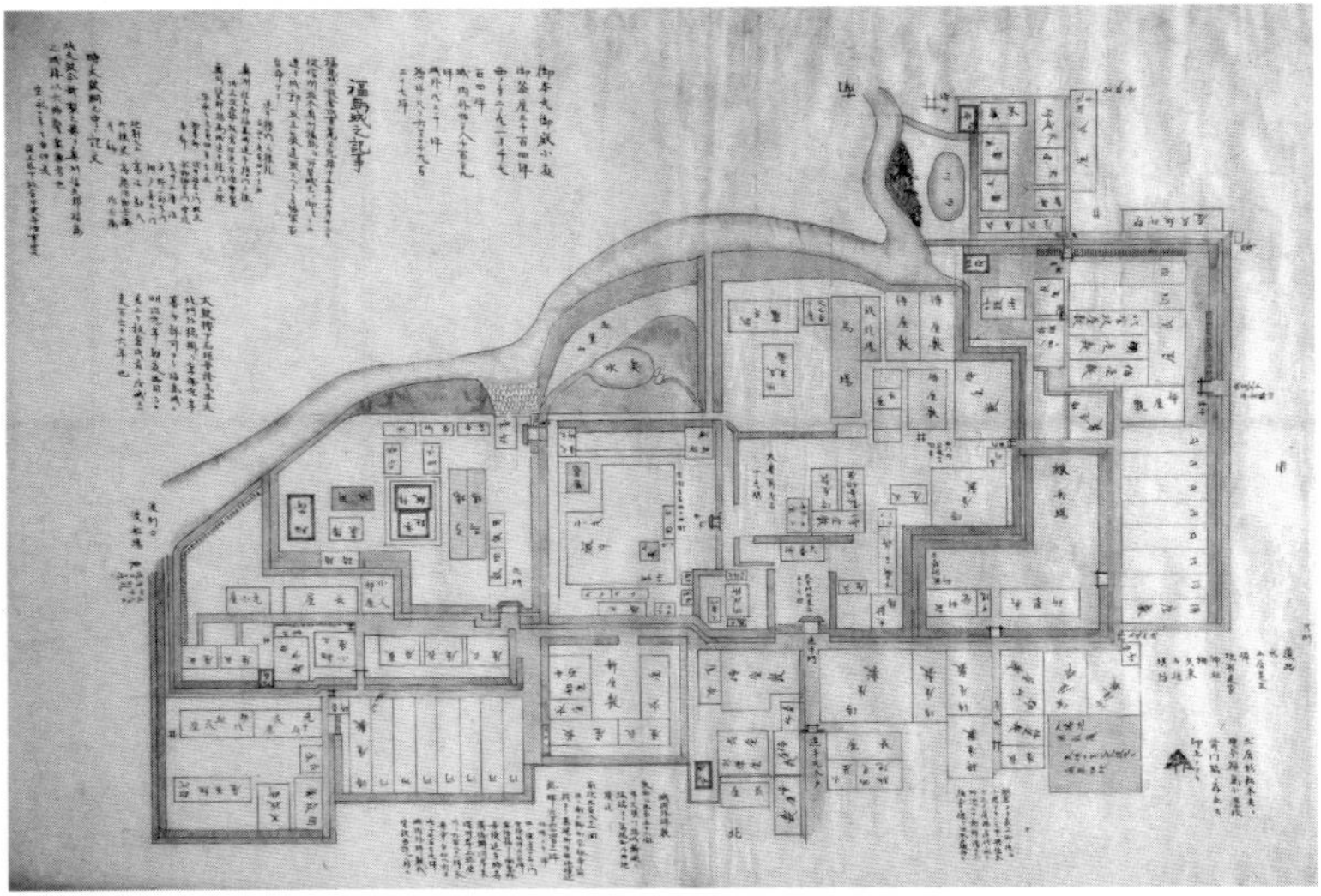

写真23　福島城中曲輪之図『板倉家御歴代略記附図』（個人蔵）

入部当時の居宅（御殿）の場所は侍屋敷や刀工部屋などとなっている。

東（左）の本丸には本社いわゆる板倉氏の御霊社が建てられ、弾薬庫や弓場などとなっている。左端に稲荷が祀られている。本丸は現在福島県知事公館になっている。

御殿（殿中）の南（上）には紅葉山・泉水とあり、湧水を利用した庭園で、現在も公園として残っている。追（大）手門の西（右）の土塁上に太鼓櫓があり、時の太鼓を報じた場所である。追（大）手門の両脇には石垣が積まれている。

・城下に時を告ぐ太鼓櫓（写真24）

太鼓を打ち鳴らし城下で暮らす人々に時を知らせるため、城の二の丸には太鼓櫓があった。今は福島第一小学校校庭の一角に、追手門から続くお堀と土塁が鉤型に曲がり、そこに隅櫓として太鼓櫓が建っていた。ここへ据える太鼓を、宝永二年（一七〇五）に江戸で製作し、四月八日に完成し到着している。『板倉家御歴代略記』によると、その太鼓には次のように書かれていた。

此ノ太鼓今マ新タニ製レシ之懸テ二
于奥州信夫ノ郡福嶋ノ
之城楼一ニ以テ報レシ六時警《イマシムル》二
衆聴一ヲ者也
　宝永二年乙酉仲夏
　　従五位下板倉甲斐守源重寛

そして四月二十一日太鼓櫓が完成して、五月十一日の明け六ツ（午前六時頃）より太鼓打ちが始められた。以来時の数を打ち城下に知らせることになった。『岩代国福島御城地御引渡一件』によると、太鼓櫓の規模は二間（約三・六メートル）、一間半（約二・七メートル）で太鼓一つ・香盤一つ・抹香盤二つが常備されていた。太鼓櫓が壊されると同時に太鼓の所在は不

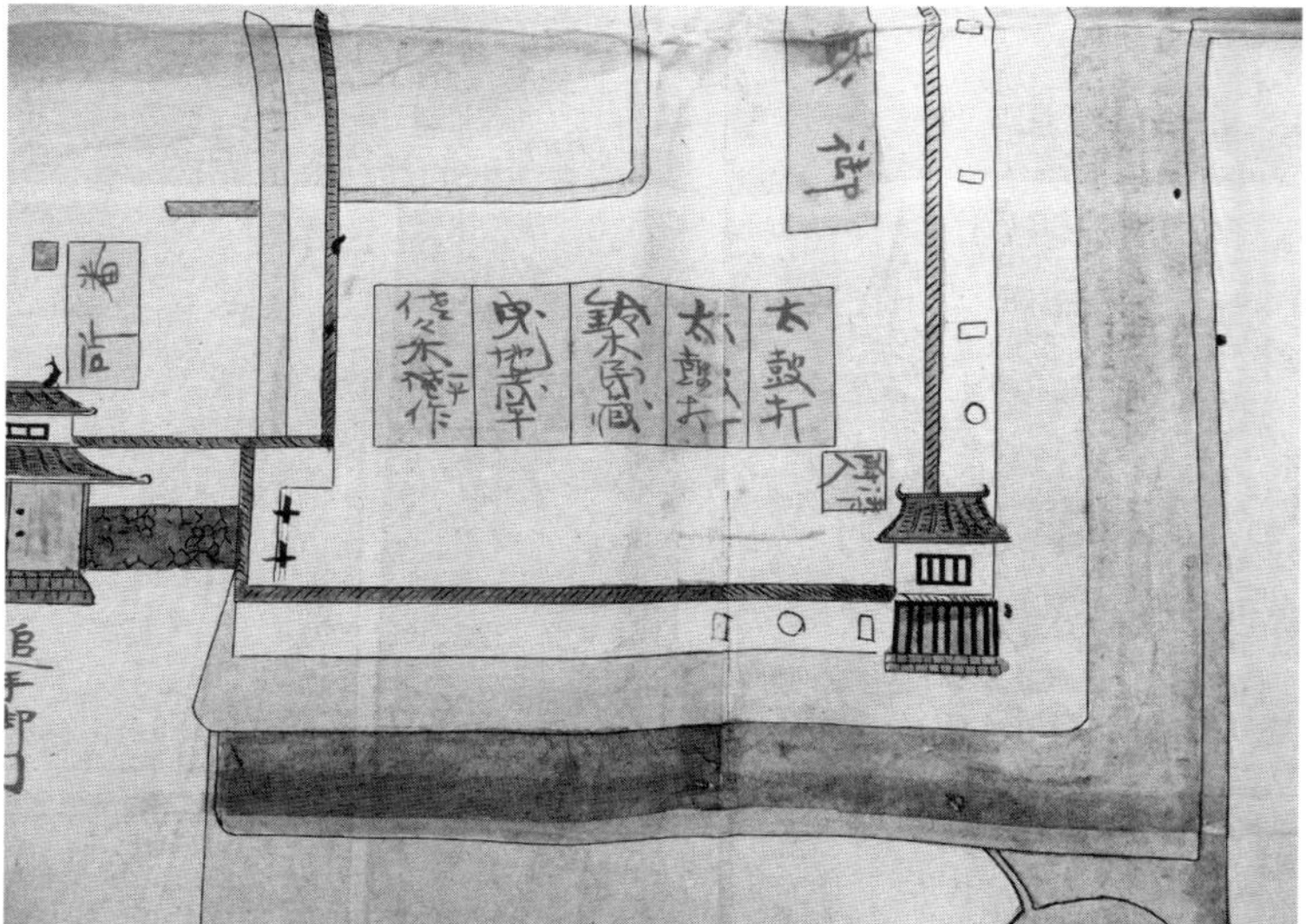

写真24　福島城絵図の太鼓櫓（右下）（個人蔵）

明となっている。

御殿や屋敷などの建築物

前述のように宝永三年（一七〇六）二月四日元（本）町の民家より出火、折しも西よりの風が強く火は城内へ移り御殿焼失、そして藩士宅が類焼した。さらに翌四年二月二十二日上町の民家から出火、上町・本町・中町・北南町が焼失し城内へ移り、御家中屋敷・追手門・御殿の仮玄関・太鼓櫓下長屋・下台所ならびに仮小屋などを焼失している。

火災後、御殿再建に取りかかり、その年の八月四日御殿の敷地で地鎮祭を行っている。宝永五年（一七〇八）御屋形（御殿）の上棟が行われた。翌年御城普請の願いの絵図を差し出し、十一月六日に奉書で願い済み、同十五日に普請奉行を仰せ付けられる。宝永七年には御馳走屋の棟上げ、藩士松原作右衛門の屋敷総坪四三〇

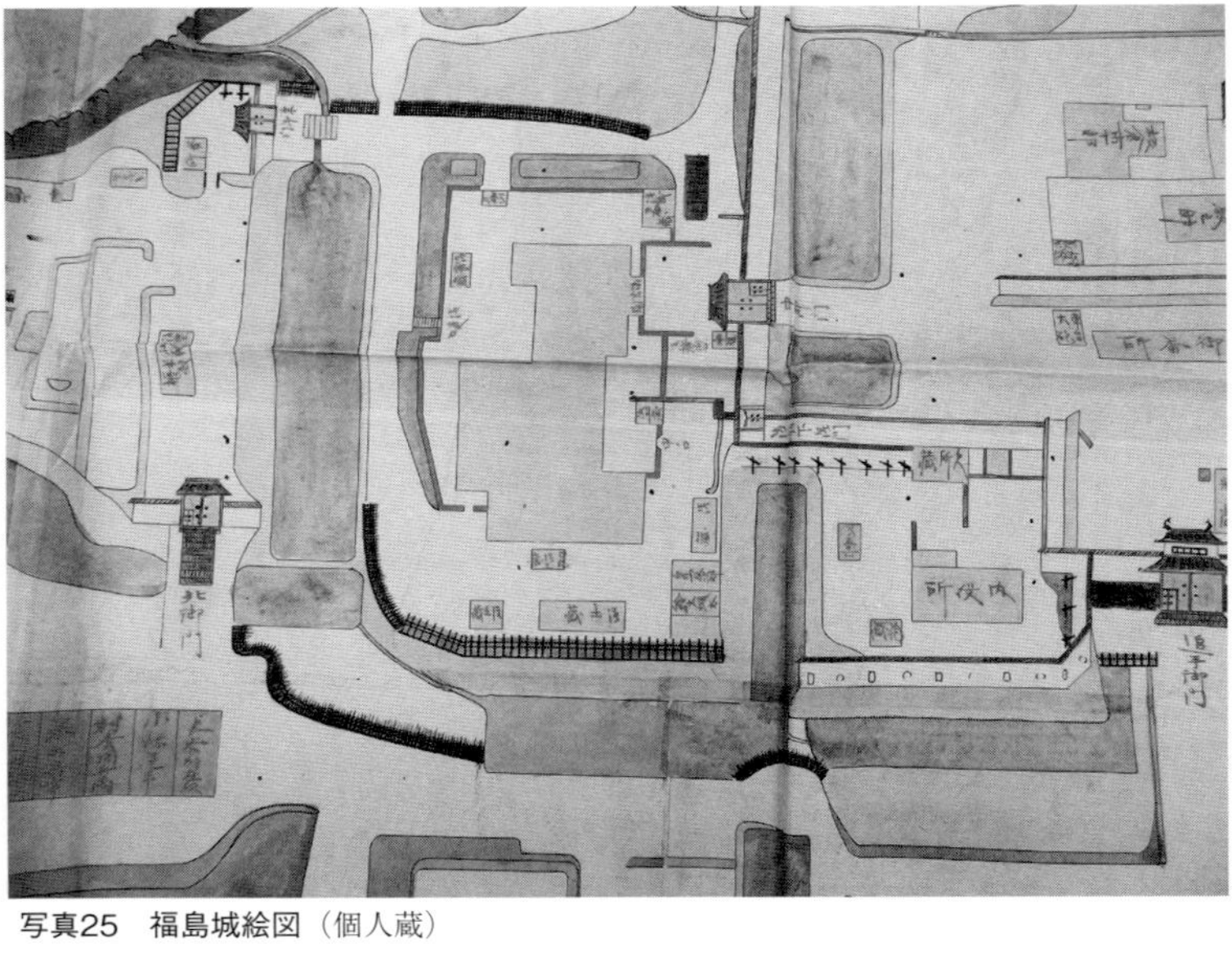

写真25　福島城絵図（個人蔵）

坪を西御門脇に普請している。

享保元年（一七一六）十月には、さらに御城御普請御願を幕府に差し出し、十一月に許可書が届き、これによると「本丸西門下は古来の堀跡が埋まり水はけが悪く悪土のため泥を取り除き、川端の柵と水門を新規に作ること」とある。ほかに、

- 二の丸太鼓櫓を二重屋根にして、櫓下の土塁上の石垣を幅一〇間、高さ七尺に新規に造ること
- 本丸・二の丸の柵を新規にすること
- 本丸西門大破のため建て直し、古来よりの土留めの石垣土中に埋まったため、これを掘り出しそのままにすること
- また、前年に二の丸居宅（御殿）玄関前に冠木門《かぶきもん》を建て、左右に石垣を築くこと
- 本丸と二の丸を結ぶ通路口の堀が自然に埋まったため、泥を上げ、橋を架けるための石垣を築くこと

などについて幕府の許可を得ている。

翌享保二年（一七一七）六月一日御殿の玄関改修のため、仮玄関を取り壊し、同十八日に玄関の棟上げをして、十二月十五日に完成している。

享保五年（一七二〇）には江戸上屋敷が火災類焼し、六月に普請棟上げをしている。

享保十三年（一七二八）七月には、福島城御殿中之口の玄関に式台（玄関前の板敷きの部屋）が付けられ、板倉氏は福島城へ入って十数年、城内の御殿や門などの建物、堀や橋などの整備へ本格的に取りかかったのである。

天明六年（一七八六）四月十四日夜、上町の民家から出火し、御殿をはじめ追手先の三の丸まで類焼した。その後焼失した御殿跡には諸役人が詰める場所にと、一六〜七間の建物を建てて、後々溜間・詰間になるように設計するよう

申しつけている。

天明七年（一七八七）正月に玄関の地鎮祭、四月三日に棟上げをしている。

天明八年（一七八八）七月一日に仮御居間棟上げ、七月に広間と勝手ができた。

寛政六年（一七九四）十月十四日に仮書院の棟上げ、同八年十月二十日御休息所の棟上げ、さらに同十二年に城内武具蔵を建て替えている。

享和二年（一八〇二）追手門枡形の大番所が大破し修復、その東の土居（土塁）下に仮番所を設置している。

享和三年（一八〇三）には、お城廻りの塀の普請伺いを出している。

文化元年（一八〇四）六月二十九日に廐建て替え、同四年十月十七日に仮札場を普請、同八年八月十日には福島河岸の寄蔵の棟上げをしている。

文化十三年（一八一六）二月十五日御殿御居間の地鎮祭をして、三月十日に棟上げ、六月二十八日に完成した。

明治八年（一八七五）の「城内建物所用調書」（『明治六～一九年仙台鎮台引渡城郭其之他』明治・大正期福島県庁文書）によると、旧御殿建物面積は、四四二坪一分とあり、福島県庁舎として使用された。

・追手門（大手門）

福島城の城門には、追手門のほか御殿前に冠木門（中門）、東門、西門、北門などがあったが、すべて残っていない。

近世城郭のなかで城門は防御上最も重要な建物で、表門である追手門は城郭の主要な建物である。

板倉氏が城主時代の宝永七年（一七一〇）追手門が造営された。

県庁前の道路中央分離帯花壇に「大手門跡」の標柱が立っており、その付近に追手門があったとみられ、立派な櫓門であった。城門の種類には形式によって櫓門、高麗門、薬医門、棟門、埋門《うずみもん》、長屋門、冠木門などに区別される。櫓門は城門の中でも大手門など最も重要な門で、立派に頑丈につくられており、櫓門の形式は中世の二階建て門から進化したとされ、京都二条城北大手門などが代表的である。

福島城の追手門である櫓門については、明治初期の絵図と古文書「岩代福島御城地御引渡一件」（明治二年正月）（『福島市史資料叢書第86輯』）によると次のようにある。

一　追手門
　幅　四間
　柱内
　　高サ　九尺
　幅　九尺五寸
闉（小門）柱内
　高サ　五尺八寸
　幅　四尺壱寸

つまり全体の幅が四間（約七・二メートル）で、柱の内側大扉の部分の高さが九尺（約二・七メートル）、幅が九尺五寸（約二・八七メートル）である。そして門扉の脇のくぐり戸の小門の高さが五尺八寸（約一・七四メートル）、幅が四尺一寸（約一・二三メートル）であった。

さて、『板倉家御歴代略記』に追手門の図（写真26）が描かれている。それを見ると、二階部分の窓は縦の格子があり、屋根の棟両端に鴟尾《しび》（瓦屋根の棟の両端に置く、魚や鳥の形のかざり）とみられるものが飾られた立派な櫓門である。追手門の大扉には乳金物《ちちかなもの》か目釘と思われるものがいくつも見える。大扉の両脇向って右は板でふさがれているように見える。左側は小門であろう。屋根は瓦葺で切妻造りと思われる。

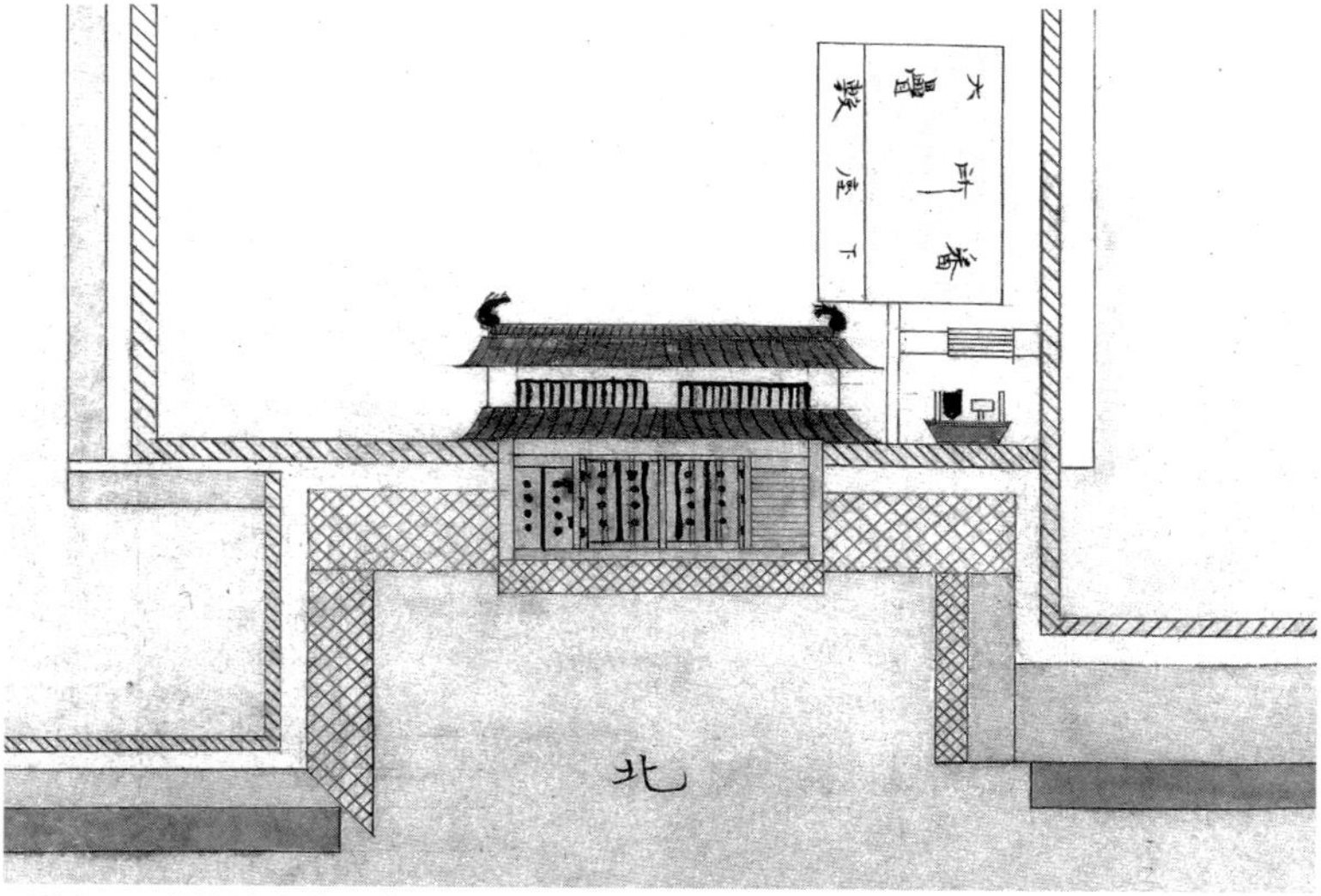

写真26　福島城追手門『板倉家御歴代略記』（個人蔵）

追手門脇には石垣と白壁の土塀が連なっている。

宝永七年（一七一〇）四月追手門の棟上げが行われた。『板倉家御歴代略記附図』には、棟札の記録として次のようにある。

宝永七庚寅四月吉辰
奥州信夫郡福島城追手櫓門上棟
城主　従五位下板倉甲斐守源重寛

- - - - - -

奥州信夫郡福島城追手櫓門上棟
宝永七庚寅四月吉辰
惣奉行　浅井　孫右衛門昭直
奉　行　永野郷右衛門常紀
荒井　小伝治
平野一郎左衛門
桐戸　善右衛門
地割大工　高沼　勘八

町棟梁　高橋治兵衛
瓦師　　作兵衛

五月二十五日には追手門が完成し、御祝儀の御褒美が藩士や職人や足軽にまで振る舞われた。

門を出入りする者には通行許可の「門札」が配られ、家中など城内出入りの時には、これを持ち示すことが必要であった。門札は木札で武士家中以外の商人などにも配られ、親子兄弟といえども貸し借りは禁止された。もし紛失した場合には過料一貫文を科せられた。

追手門は明治初めまで存在したが、病院建設のために取り壊された。『福島城相伝』（金沢椿山著）によると、明治十一年の夏から十二年にかけて、病院普請により追手門左右の石垣が取り払われる。また明治十五年三月中に入札払下げになり、買人によって取り壊されたとある。ここには県立須賀川病院福島支病院が医学校とともに建設されており、後に福島病院そして三郡病院となる。その後県立医大病院になった。つまり追手門および石垣は明治十一年頃、病院建築のために取り壊されたのでる。

・中御門（中門）

福島城には追手門のほかにも城門があり、御殿前の冠木門（中門）・埋門それから西門・北門・東門などがあった。

追手門から城内へ入ると、枡形になって正面に御番所があり、左へ曲がると御殿へ進む。御殿の前に堀と土塁が巡らされていた。

正徳五年（一七一五）新しく冠木門を建て、左右に石垣を築くと記録にあるが、これは中御門であろう。

御殿の跡は現在の福島警察署南側（旧県立医大病院跡）に当たる二の丸の地で、御殿の前に中御門があった。この門は筋金門であり頑丈なつくりの門である。そこから直進すると御殿の玄関へと向っている。この中御門にもくぐり戸があり、常時はそこをくぐり出入りしたが、出仕の日には扉を開くことを享保六年（一七二一）五月に評決されている（『政事集覧』）。

・埋門

写真27を見ると、中御門の下（北）に塀（土塁）に屋根のない門があり、「御堀下御門」とある。いわゆる埋門である。『政事集覧』には、「享保六五月廿二日決評　御勝手口埋門を用い来たり候へども、この門昼夜明け通しの義、如何の旨、これにより向後は中御門をくぐり、（略）埋門は閉置き、かぎは御広間に納め置き、荷物馬出入りその外用事の節開くよう申し達す」とあり、以前には通用門としたが、中御門を通り埋門は通常は閉鎖していたことが分かる。

埋門は別名穴門などともいわれ、石垣や塀などに埋め込むように造られた門で、虎口《こぐち》に当たる城郭の重要な門の一つある。通常は開かず緊

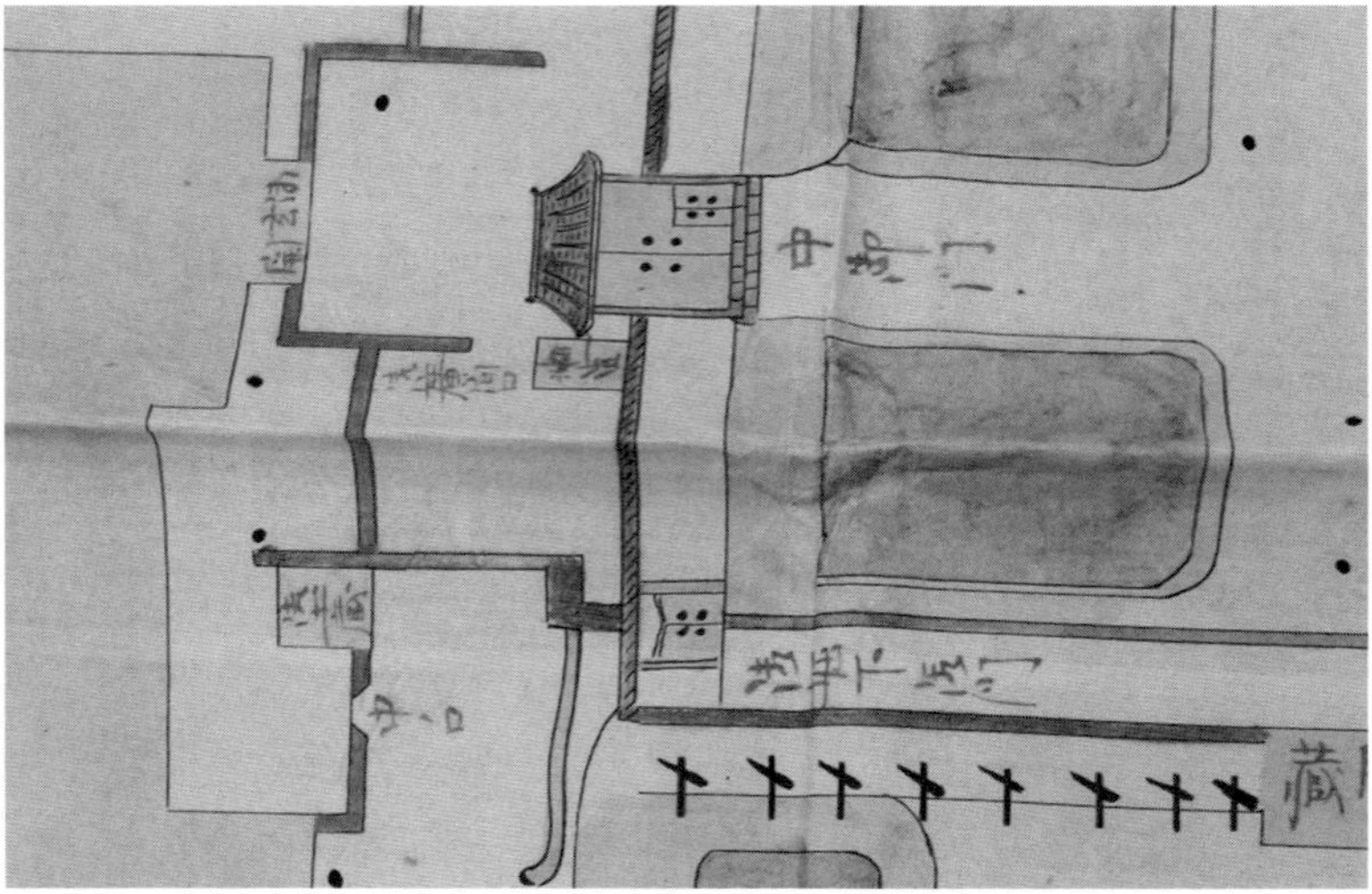

写真27　福島城絵図（中門・埋門）（個人蔵）

急時に使われる門である。現在は二条城の二の丸西門などに残っている。

・西門・東門・北門

明治二年の『岩代国福島御城地御引渡一件』によると、西門は現在の県庁西庁舎の西北にあった。西門の規模は不明であるが、東門が幅三間（約五・四メートル）とあるから、同程度であったとみられる。西門脇には三間半、二間の番所が設けられている。東門は幅三間、柱の内側が八尺五寸（約二・五五メートル）、高さ八尺五寸（約二・五五メートル）、さらにくぐり戸があり高さ五尺（約一・五メートル）、幅四尺（約一・二メートル）で、北門も同規模である。

門番が居る番所には、棒・手桶・捕縄・行燈・板木などが常備されている。

・そのほかの建物

本丸には廟社・稲荷社・煙硝《えんしょう》蔵・仲間小屋があった。

二の丸には居館（御殿）・文庫・武器蔵・土蔵・書物蔵・勝手土蔵・薪小屋・内役所・炊出し蔵・塩噌蔵・廐・馬見所・砲術稽古所・物置・井戸などのほか家中屋敷・長屋が建っていた。

明治八年に描かれた「福島旧城之図」（福島県立図書館蔵）を見ると建物の様子が分かる。

・城壁と堀

城壁は土や石で築かれ、石で築かれたものは石垣、土で築かれたものは土塁と呼ばれる。福島城は、石垣は部分的で大部分が土塁であった。石垣があった場所は、大手門両脇のみであった。古く大仏城といわれた時代から土塁があり、近世になってからも石垣の普請をすることはなかった。土塁の上に白壁の土塀または木柵が設置されていた。また土塁内側には崩落を防ぐために、土留めの柵がまわっていた。

堀は本丸を囲むもの、二の丸を囲むもの、さ

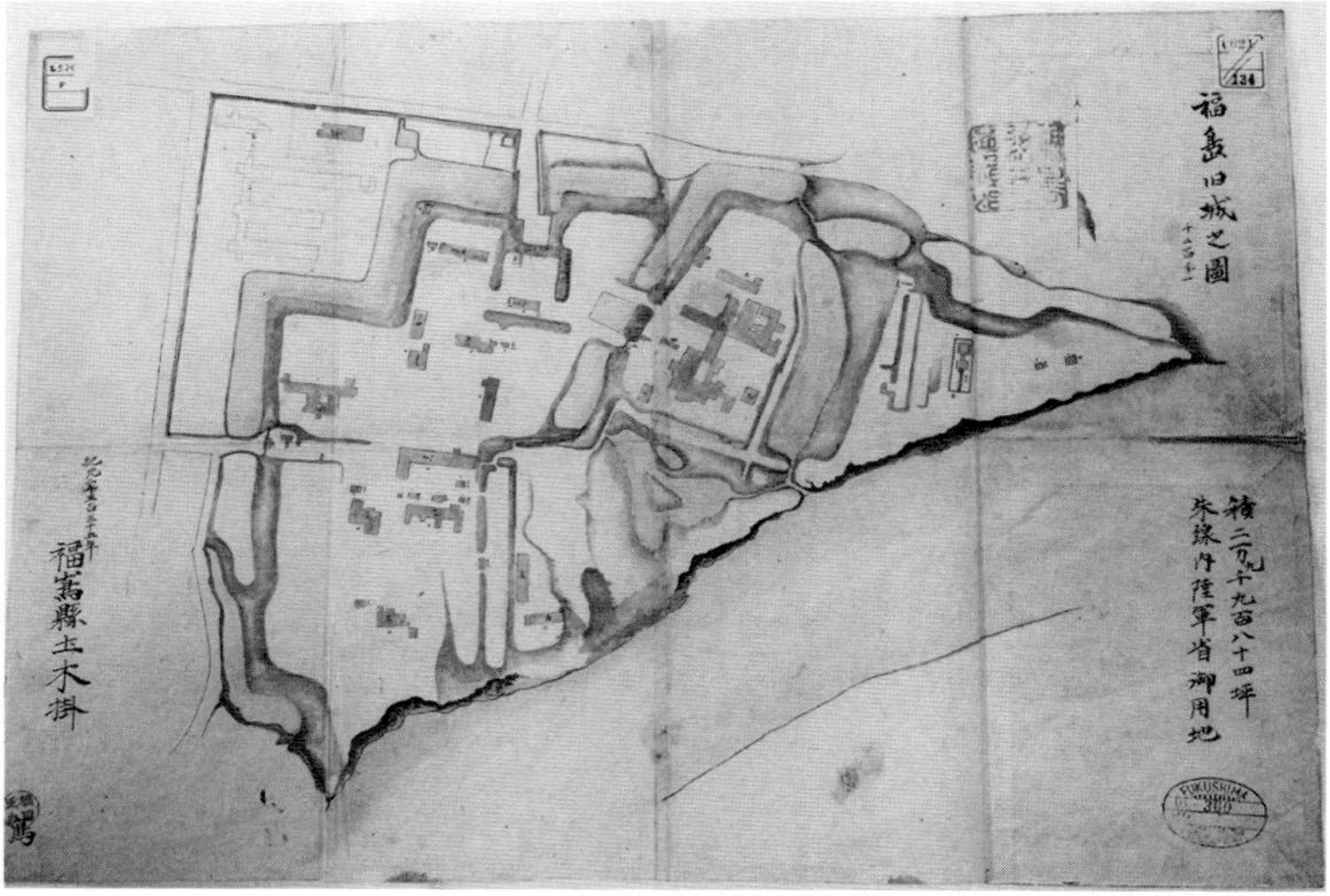

写真28　福島旧城之図（福島県立図書館蔵）

らに三の丸と新屋敷を囲んでいた。

• 土塁と石垣

福島城は周囲に堀を巡らし、その内側に土塁を積み防御とした。石垣は大手門両脇にあったが、ほかは土を盛って固めた土塁であった。土塁の勾配の実際は不明であるが、四五度から六〇度程度が想定される。土塁はおそらく堀を掘り上げた土を盛って固めたもので、現在県庁西庁舎南側に残っている土塁の一部（写真3）から、形状が推定される。旧福島第二尋常小学校（福島第一小学校）校舎前に老松が繁る土塁の一部が明治期の写真に写っている。

本丸を囲む土塁、さらに二の丸・三の丸を土塁が囲み、土塁の上には白壁の土塀または木の柵があり、大手門から左右には、矢狭間や筒（鉄砲）狭間がいくつも並んでいた。その数は明治二年『岩代国福島御城地御引渡一件』によると、追（大）手門の東方塀三四間半に矢狭間一三、

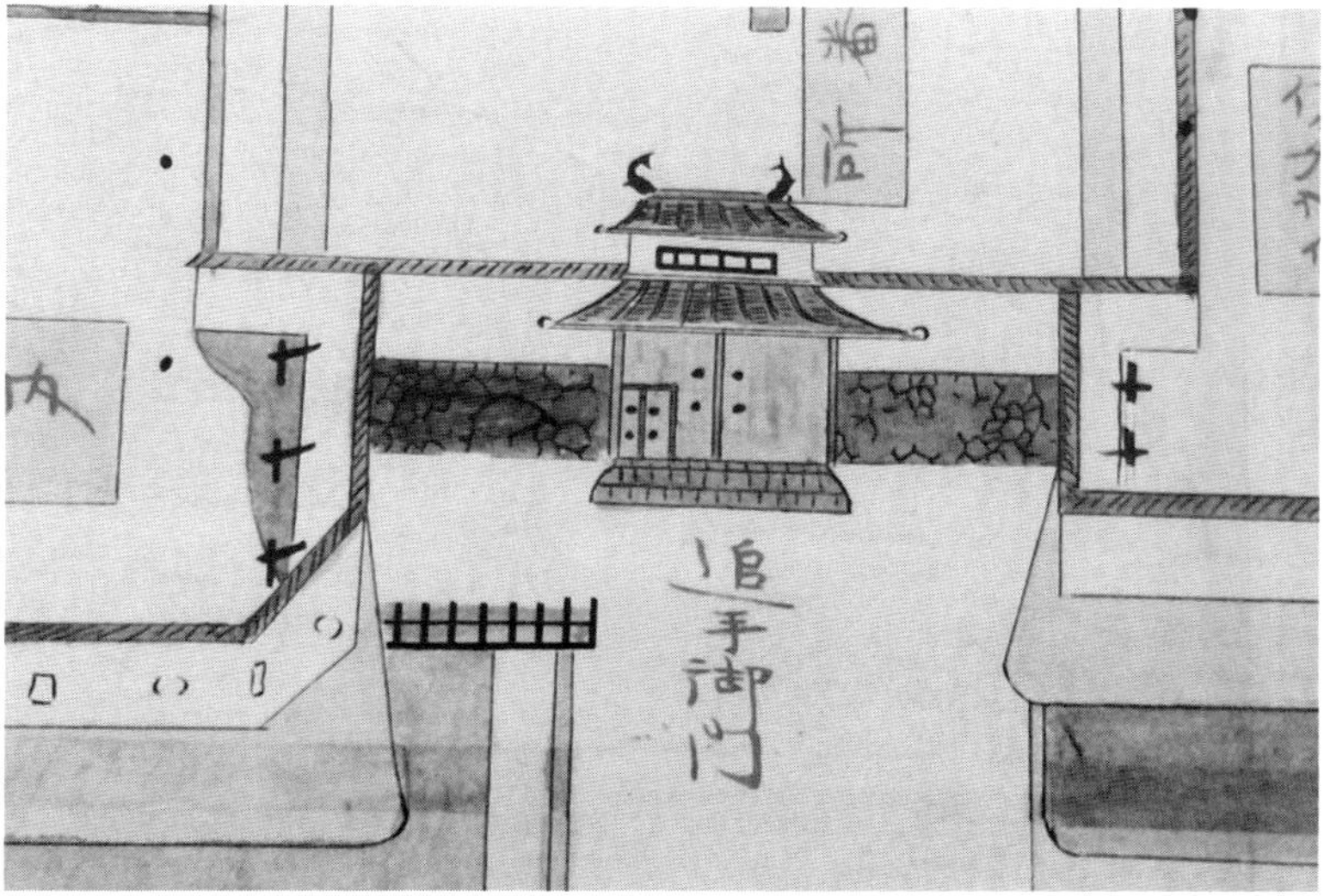

写真29　追手門脇の塀に狭間がある（福島城絵図追手門）（個人蔵）

筒狭間一〇、追手門から西方時の太鼓櫓まで塀三四間半に矢狭間八、筒狭間九、太鼓櫓から西門まで塀一〇七間半に矢狭間三〇、筒狭間三〇、西門から南の塀四三間半に矢狭間一二、筒狭間一二が設えられていた。それは写真24・29の絵図に見ることができる。

狭間のある白壁の塀が続き二の丸・三の丸を取り囲む壮麗な福島城の外観が想像できる。

・堀

堀は本丸を囲むものと、御殿を囲む内堀、さらに二の丸、三の丸、新屋敷を囲む堀があったが現在は残っていない。その正確な場所を知るため平成二十六年大原病院建設予定地発掘により、三の丸北側の堀跡の一部が確認された。また城の西側の堀を確認するため、県庁舎増築にともなう県庁北西角付近の発掘が行われた。これによって福島城西門がある西側の堀の位置は、県庁舎地下駐車場の位置であったことが有力と

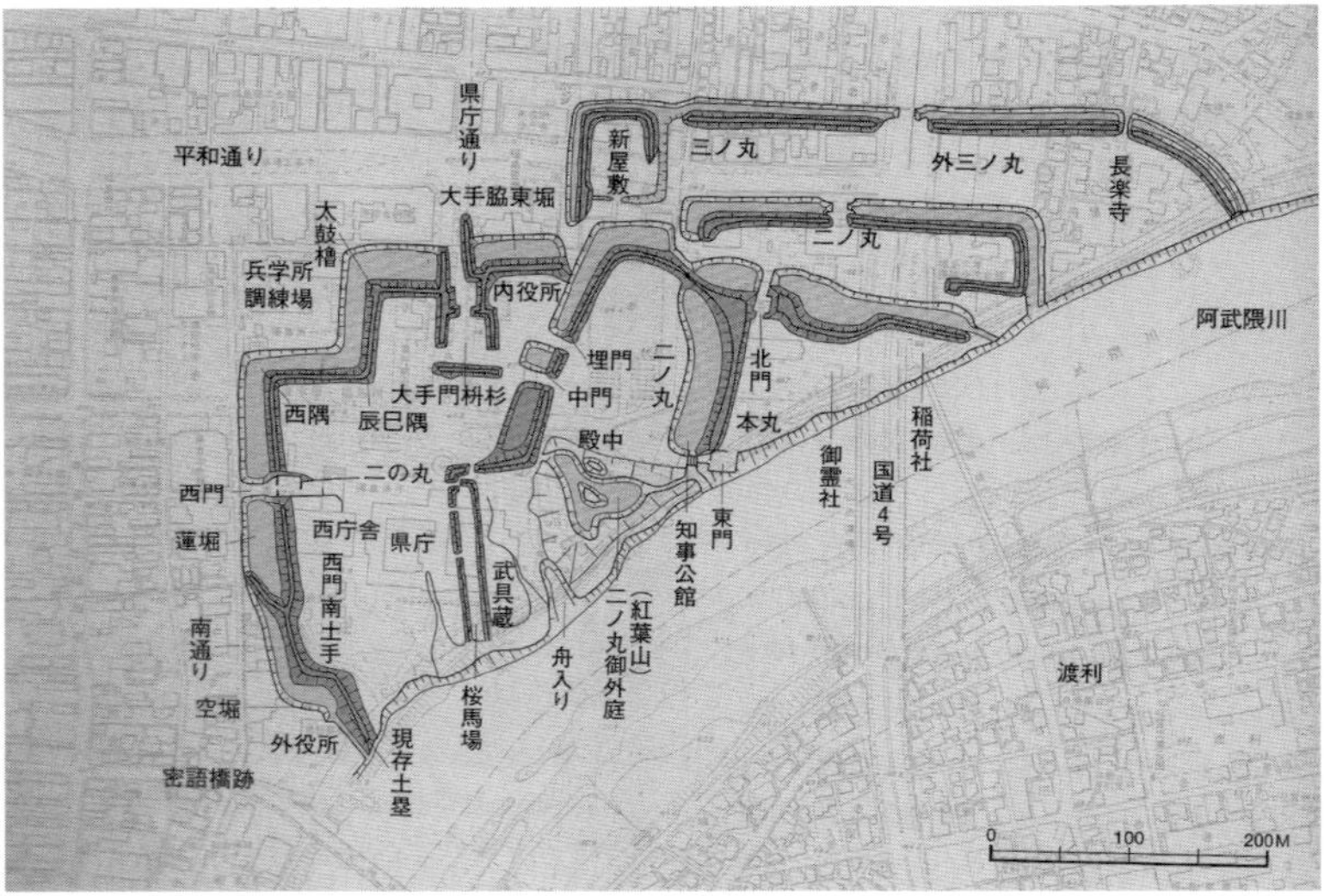

図３　福島城複合図（作図鈴木啓）（『福島市埋蔵文化財報告書第170集福島城跡』）

なった。堀は県庁西庁舎南の阿武隈川岸から北へ西庁舎を貫き、福島第一小学校校庭へ続いていたことが分かる。さらに校庭で東へ曲がりさらに北へ折れて、太鼓櫓を通り追手門へとつながる。

堀の規模については、「明治十一年福島県旧城郭内図書ニ関スル書類」（明治期福島県庁文書）の「福島師範学校用地建物拝借」に堀の一部の図面から考えることができる。それによると堀幅は一一間九分（約二一・四メートル）〜九間二分八厘（約一六・五メートル）とある。師範学校は現在の第一小学校であるので、この場所である。福島警察署増築時に発掘調査が行われたが、南北鉤型に堀跡が確認された。堀幅は上端で九メートル〜一二メートル、深さは約四メートルであった。

• 幕末期の御殿（二の丸）と本丸

現在の県庁知事公館とその東側に当たる場所

が本丸である。本丸跡の案内標柱の東方になる。

伊達氏時代や上杉氏時代の居城の中心、いわゆる本丸として使用されたが、近世になって城の中枢である御殿は二の丸へ移している。その明確な理由は不明であるが、おそらく阿武隈川によって本丸部分の敷地が削られ狭くなったためであろう。

板倉氏藩主時代には、御霊社が祀られていた。御霊社は板倉氏の先祖を祀るもので、福島城に入部の際、御霊位を本丸の稲荷神社に安置していたが、文化二年（一八〇五）に本丸に社殿を造営し遷宮している。以来本丸には御霊社と稲荷神社があった。

本丸には、このほか煙硝蔵や弾薬庫があり、また弓場と馬場、さらに穀物の保存の囲穀蔵《かこいこくぐら》があった。

明治二年（一八六九）国替えにより三河国（愛知県）重原陣屋へ移ると、御霊社を碧海《へきかい》郡野田

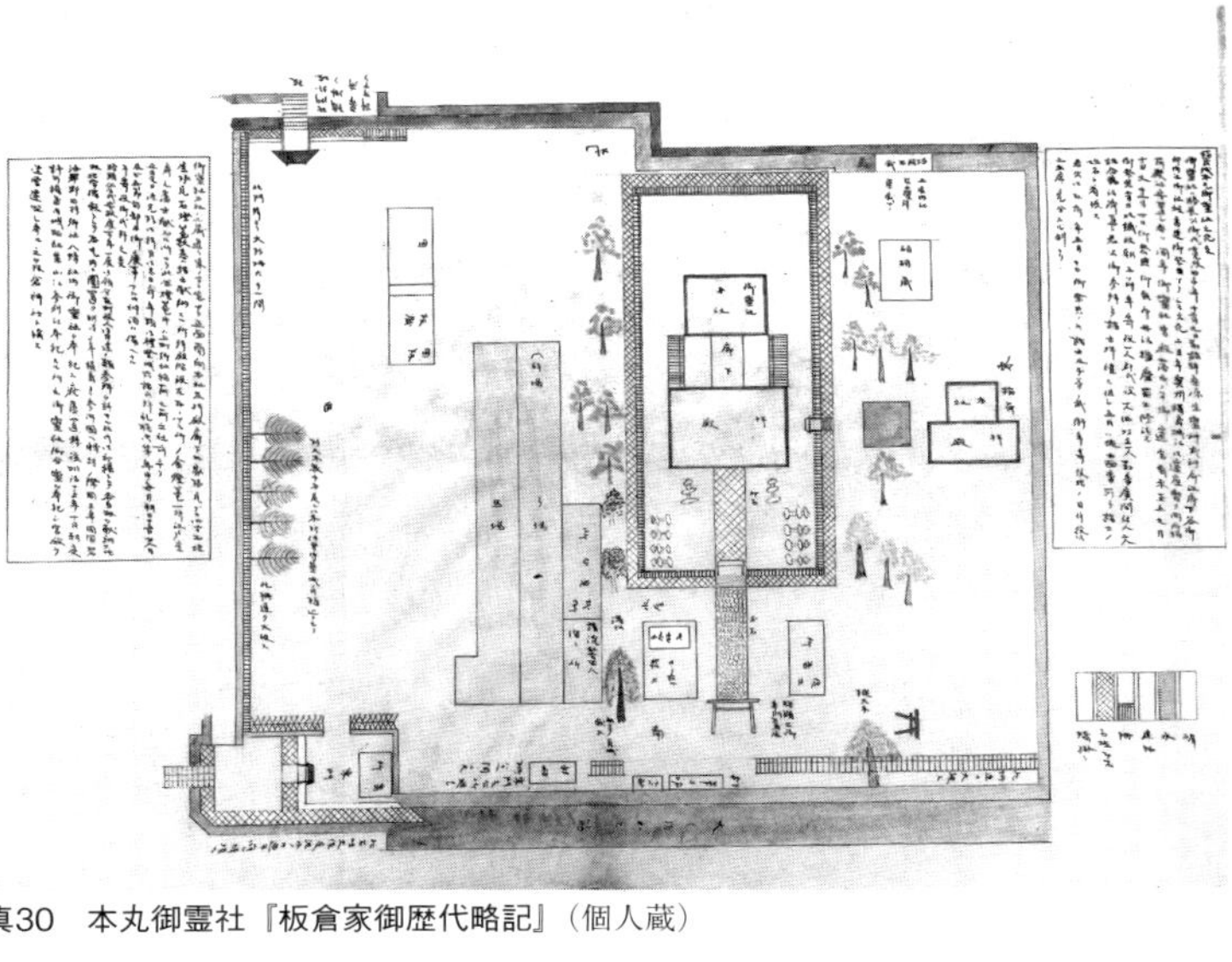

写真30　本丸御霊社『板倉家御歴代略記』（個人蔵）

村（愛知県刈谷市）の八幡神社境内に社殿を造営し移している。

御霊社は、明治十五年に旧藩士が中心になり、旧福島城庭園紅葉山へ社殿を造営し、分霊遷宮し板倉神社として現在に至っている。

•二の丸に御殿

二の丸は三か所からなる。現在福島警察署南側県庁駐車場（旧医大病院跡）、県庁舎および西庁舎、それから県庁東分庁舎（旧県立医大跡）である。

藩主が板倉氏の時代、その居住と政務の中枢である殿中（御殿）は二の丸にあった。御殿のほか藩役人の執務室である内役所のほか家中屋敷、武具蔵、文庫、土蔵などがあった。明治になり御殿は県庁舎に、家中屋敷や長屋などは県庁の役人の官舎として利用された。

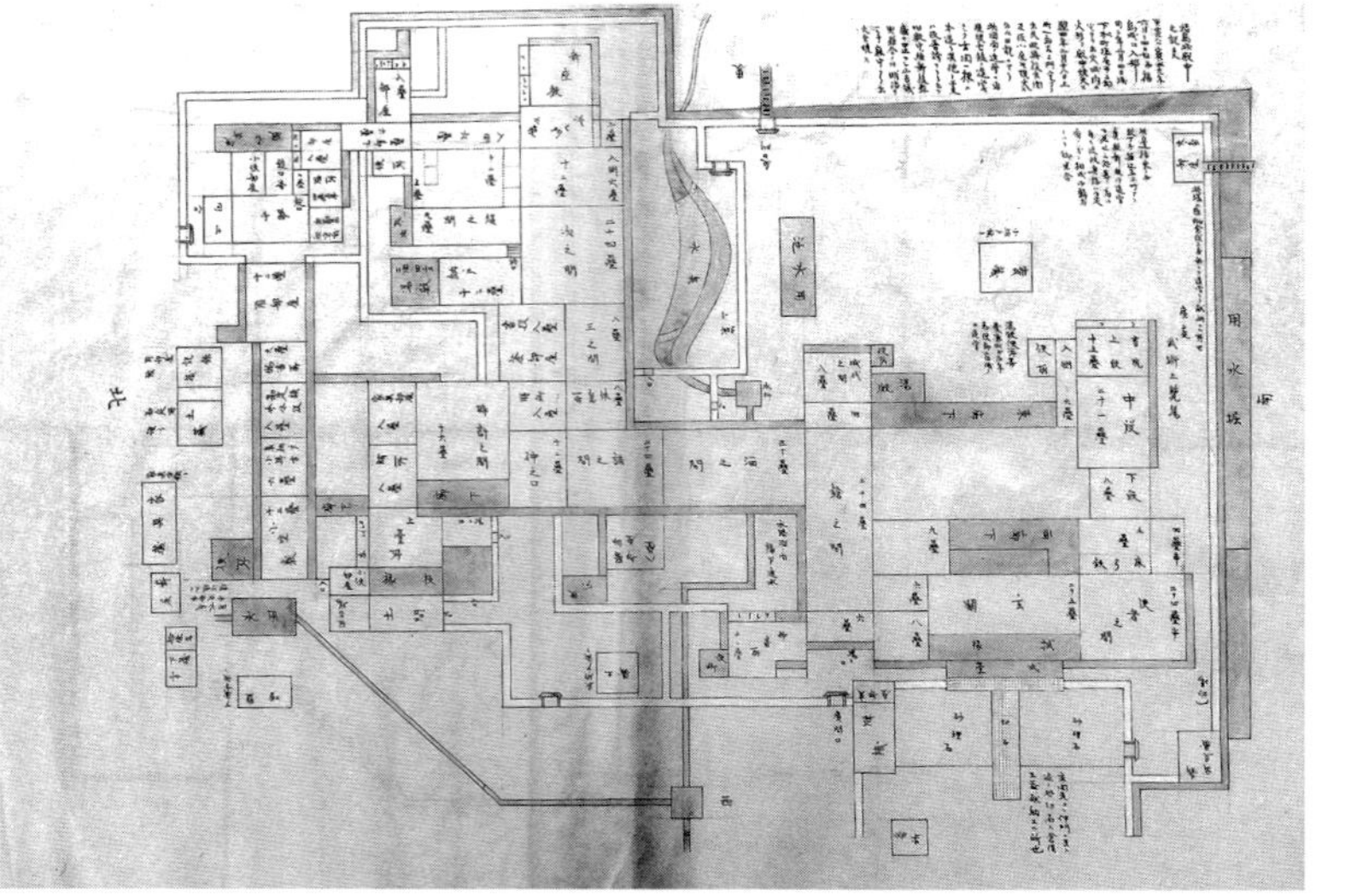

写真31　殿中図（二の丸の御殿）『板倉家御歴代略記』（個人蔵）

四、幕末の動乱と福島城（『板倉家御歴代略記』から）

慶応四年（一八六八）一月三日（一月二十七日）～四日鳥羽伏見の戦いが行われ、戊辰戦争が始まった。一月九日にこの鳥羽伏見の戦いの情報が飛脚問屋〈島屋・京屋〉の注進により福島城に次のように届いた。

「去る二・三日頃伏見・鳥羽辺で大戦争あり、官軍方は薩長土および勤王諸藩、幕府方は会桑および譜代諸侯旗本勢、接戦勝敗不明」

福島藩では直ちに藩重役会議を開き、重役筆頭の年寄役斎藤十太夫宅へ近習頭・郡代・物頭（足軽編成頭）・勘定吟味役・目付役・代官役が集会、江戸からの情報不足のため、内藤豊次郎ほかの江戸出府を決める。

九日夕刻に、物頭役内藤豊次郎ほか、勘定吟味役谷崎豊治・給人米山又八郎・徒士格大内修平・同藤川退蔵・勘定役内田良平・小払方鈴木孫右衛門その外組足軽を江戸へ至急出府した。

二月二十六日江戸藩邸から戻った勘定頭吟味役の山岸一之助から状況報告を受けて、重役会議が開かれた。その報告は「三州御領分は勤王一決、尾州家によると、藩主がすぐにでも上京すべきで、さもなければ領地安堵の保証はない」というものであった。

藩の目付役以上の重役ほか役人が集まり、協議を重ね、次の結論となった。

●江戸表留守居役馬淵清助が佐幕論を主張し、江戸城雁の間へ登城したが、ほかには二～三名に過ぎず。大半は帰国または上京している。当家のためには、馬淵清助の役を解き福島へ戻すこと。

●君公（藩主板倉勝尚《かつひさ》）は、江戸表より直ちに上京すること。その折りに重原に立ち寄り、さらに尾張大納言に拝謁し状況をうかがうこと。

●御在所福島城は勿論、江戸藩邸参州重原上総東金の領民に至るまで勤王一決のため、異論を唱えないようにすること。

と勤王方に同調する姿勢を決めている。

四月某日仙台藩士蒲生金吾が福島城内・殿中を見聞し、御三卿（奥羽鎮撫総督九条左大臣道隆卿・副総督澤為量《ためかず》・参謀醍醐忠敬少将）が福島宿城の際の打ち合わせを行い、福島城内外の掃除、町内のほか、五十辺村から伏拝《ふしおがみ》村まで、路橋修繕市中往還敷き砂、追手御門外西の方中程へ下馬札を建て、御書院上段を御座所に修繕、ご膳・器・塗物一切使用せず陶器を使うことなど、さらに大殿様（板倉勝顕《かつあき》）御子様、女中一同は渡利仏眼寺へ移り滞在し、茶道・医師に毎日交代勤番を命じている。大殿様は城内御庭下より御乗船し阿武隈川を下り仏眼寺下で上陸し仏眼寺へ向った。

四月十一日仙台藩主伊達慶邦《よしくに》は、白石城へ宿陣、伊達家は三月下旬より会津討伐の兵を繰り出した。十二日総督九条殿はじめ三卿および参謀などは、兵隊を岩沼城まで進軍した。十日から先鋒隊が忽然と福島へ入り、上町慈恩寺・御山新町普門寺・庭坂口西蓮寺へ宿陣していた。「仙兵雲霞のごとく繰り込み、市中寺院旅亭へ宿陣」とある。再び福島城内見分が行われた。

四月十七日仙台から会津討伐隊一八〇〇人余が繰り込まれ、福島町旅亭ほか商家へ割振られた。先鋒隊の瀬上主膳《しゅぜん》などは、信夫郡荒井村土湯口へ進軍し会津藩兵と向き合った。

閏四月某日福島城へ繰り込み、藩主が御着服陣羽織腰高袴式台で出迎え、総督などは書院上段に御着座し、三の間で藩主が拝謁し、饗応の後参謀世良修蔵は旅亭斎藤浅之助宅へ滞在となり、附属兵隊も各旅館へ入った。

福島城に入った総督に、近藩の使者が拝謁に訪れ、羽州天童藩主と功臣吉田大八郎も拝謁に来ている。

長楽寺に軍事局を設立し、列藩の軍事方が詰め、他藩も追々集まっている。

この頃会津藩より謝罪嘆願が出され、上杉氏が白石城へ参り「奥羽列藩を集会して協議の事」とした。謝罪の要旨は「真に謝罪降伏の意を表し、主人容保は城外に謹慎、何様の厳科に処せられるも違背不仕、伏見の一挙謀臣等の首を差出候、ここに奥羽列藩重臣集合して……各藩何れも嘆願の趣旨を添えて嘆願書を差上げ旨……」というものであった。

仙台藩・米沢藩および奥羽列藩より嘆願書が出され、九条殿岩沼御陣営に提出し寛大の御処置を懇願した。九条殿は一応御受取が「御許容不相成、速に追討候様に厳重に仰せ出さる」とのこと、列藩は当惑したという。

土湯口の戦いに出た瀬上主膳などは、距離をおいて遠く会津兵と対陣し、砲戦（空砲）をしたが敢えて戦わず閏四月十九日に福島へ戻った。

正午頃、仙台藩軍監姉歯武之進を同道し福島へ来て、北南町井上クラ宅（客自軒《かくじけん》）へ宿をとった。

・参謀世良修蔵暗殺

同日参謀世良修蔵は、白河方面へ出張（白河情勢を探る）していたが、郡山から早駕籠で福島へ戻り、北南町旅館金沢屋へ着く。直ちに軍事局へ秋田にいた参謀大山格之助宛の密書を託すべく、福島藩軍事係鈴木六太郎と面会したいとの申し出があり、鈴木六太郎が世良の旅館へ面会。杉沢覚右衛門と遠藤条之助も即刻金沢屋へ呼び出し、世良は裏の二階常住の座敷で酒宴中である。杉沢・遠藤などに世良は官軍の形勢を一変するには福島藩の協力にかかると、大山格之助への御用状を福島藩へ託したいといい、二階から呼びとめられる。杉沢は年寄斎藤十太夫へ相談して、旅館へ戻り密書を受取る。

夕方杉沢ら使者が、旅館を出る際に同家の表二階から呼びとめられる。

この時二階で仙台藩姉歯武之進・田辺覧吉・赤坂幸太夫・大槻定之進らがただならぬ雰囲気で、世良暗殺の密議を行っていた。田辺覧吉が近づき、今夜世良を取り押さえるので杉沢・遠藤両氏に立会いを託された。暗殺理由を尋ねると、赤坂の答えは「世良は偽官軍で藩の迷惑であり、領外での暗殺を望む」という。すでに瀬上主膳が土湯から引き上げ客自軒に宿し、一千余人の手勢をもって、もしかの緊急事態に備えて控えており、立会いを受諾。杉沢覚右衛門宅に斎藤十太夫などと集まり相談し、姉歯武之進へ承諾を告げると、仙台藩福島見回り役浅草宇一郎（元仙台藩士）の手先の者の手配を頼まれる。

閏四月二十日　午前二時

屈強の者六、七名および浅草宇一郎手先により世良を襲う。

世良は金沢屋二階上段床の間前北向きに寝て、いびきをかいて安眠状態であったという。姉歯武之進は襖を開き進む。傍らの娼妓が飛び出て逃げ、蒲団の上より捕らえようとしたが、世良は気づき起き上がろうとした。一人を突き飛ばし床の間のピストルを取ろうとしたが、抑えられ取れず、さらに三の間の勝見善太郎が斬りかかり、二階から飛び降り土蔵へ隠れたが見つかり捕らえられた。

世良襲撃隊員名

（『仙台藩軍監姉歯武之進』より）

仙台藩

瀬上隊軍監　　姉歯武之進

同　物書　　岩崎秀三郎

軍事局物書　松川豊之進
同　末永縫殿之允
投機隊隊士　田辺覧吉
同　赤坂幸太夫
瀬上隊軍監　大槻定之進

ほかに小島勇記・栗原五郎・平田小四郎などの名も『福島沿革誌』にある。

福島藩
用人　鈴木六太郎
目付　遠藤條之助
番頭　杉沢覚右衛門

世良は客自軒へ引き立てられた。
瀬上主膳の詰問に世良は「我賊等に対して言うべきこと無し　早く我首を刎ねよ」
阿武隈川端、越（腰）浜村字下河原へ連れられ斬殺された。（四月二十日）そして世良修蔵の首が白石城で実検された。

閏四月二十一日白川方面に出張していた醍醐少将殿は長州藩野村十郎らを率いて福島へ退引した。須川枡形（清明町）に先乗りの野村十郎が通過しようとした時、仙台藩平田小四郎に呼び止められ下馬を促されるが、そのまま通過しようとした。平田が野村に近づき馬から降ろし、仙台兵と野村らが斬り合いとなった。その場で野村は平田に斬られる（宝林寺に墓）。

この時福島藩物頭の高橋秀蔵が「勅使醍醐殿」と大声で駆けより、仙台兵の乱暴を制して、長楽寺軍務局へ知らせを遣わし、醍醐殿を守護した。柳町東裡《ひがしうら》桑畑より宝林寺へぬけ、家中小路に入り、密語橋《ささやきばし》を渡り通称河岸《かし》通りを抜けお城の西門に入り、廐前を過ぎ塀下門より本丸東門に入り、北門より作事へ出て三の丸木戸を経て、足軽長屋窓下通り長楽寺裏門から入って、座敷へ着座。さらに福島城中へ移り、閏四月二十二日醍醐殿は、阿武隈川を船で下り仙台へ逃れた。

世良暗殺の後陸羽の風紀は一変し、奥羽列藩の重臣などが白石城に集まり、同盟を結び奥羽列藩同盟がなった。

福島藩から池田権左衛門が出席している。閏四月二十九日薩摩・長州・大垣など諸藩の官軍が白河城攻撃開始、五月一日白河城の激戦の末に落城。仙台藩軍事参謀坂本大炊はじめ姉歯武之進など八〇名が戦死した。

奥羽軍の敗報が頻繁になり、列藩同盟から福島藩に対し棚倉応援の要請があり出兵するが、二本松まで進んだ時、白河へ進んでいた瀬上主膳らは、白坂で官軍に襲撃され激戦となり敗走したとの報が入ったが、本宮・矢吹方面へ進み宿陣した。

翌日白河城総攻撃となり、隊長池田権左衛門はじめ旗奉行渋川市十郎ほか浅井勇助・池田勇蔵・仁科忠右衛門・竹内啓五郎・堀内荘助はじめ足軽などの戦闘が激戦となり、堀内ほか討死、白河城の官軍は防戦し、奥羽軍は退却となった。

三春藩の危機として福島藩から応援に隊長渋川増太郎・軍事係杉沢覚右衛門など一隊が出兵したが、官軍は三春城へ進撃して直ちに入城した。三春藩は官軍に通じていたので迎え入れ、七月には官軍へ付くことになった。

福島藩兵はあわてて阿武隈川を渡り小原田・郡山へ退却となったが、七月二十五日藩士遠藤謙吾は三春で捕らわれる。

この頃彦根藩の軍事奉行石黒務が福島藩を説得し、板倉家も最早帰順降服するよう勧められ、重臣への手紙を渡される。福島へ帰り直ちに参殿し老席出頭のもと協議が行われる。

福島軍事局に詰めている三春藩軍事係大関兵吾が急用で帰藩のため、須川以南の通行券の申請に、七月二十五日の深夜長楽寺へ来るが、折から三春藩官軍への転換についての評議中で、使いの者を取り押さえ、大関兵吾を捕縛し尋問のうえ獄舎へ入れ不日斬殺された。

・福島城下の動揺

福島周辺の情勢悪化により、七月二十七日藩主板倉氏御家中および妻子は米沢へ移ることになった。この頃官軍は磐城平から相馬へ進み、三春藩帰順後、二本松・福島の両城を攻撃するとの情報が入った。二本松藩は街道筋城下南方大檀口および三春街道筋所々に胸壁（砦）を築き兵を配備したが、二本松城へ官軍討ち入り切迫した状況となったことから、福島藩大殿様（勝顕）・殿様（勝尚）・奥様（岡部侯御女）・銀吉様（勝英公此年渡利村仏眼寺で御誕生）・於詮《おせん》様（御妾腹銀吉様同腹）・その他奥様付老女及奥女中・奥御年寄近藤宗兵衛・奥目付・御休息召仕静女高女・御休息付年寄役斎藤十太夫・近習頭長谷川三右衛門・鈴木六太郎らはじめ医師などは城の中ノ口より駕籠で四ツ半（十一時）米沢へ出発した。

見回り役の浅草宇一郎多数の手先が警固に当たり庭坂宿へ行き宿泊して、翌二十九日米沢へ行き、米沢藩により藩主以下小野川温泉へ差し置かれる計画であった。

福島城の状況は、藩士殿中に集まり足軽大番所内役所へ集め、小者仲間は新屋敷作事両部屋へ集まった。殿中広間で会議が行われ、将来の方向を熟議した。議論は百出し容易に決せず「須川口に砦を築き徹底抗戦城郭および市街火をつけ焼き払い退去軍門に降り謝罪歎願」など唱える者もあった。

七月二十九日二本松城が落城し藩主は水原（福島市）へ退き、庭坂を通り米沢へ向うとの情報が午後伝わり、福島城開城へと移行することになる。

福島城では、近習頭の村雨時（市）之助などが二本松城落城を見届けて注進し、藩士一同開城の議を決し、郡代代官は町役人を内役所に呼び出し、開城止むを得ずと説いた。そして殿中書類帳簿などを土蔵へ入れ、その日の夕七ツ半（午後五時）頃庭坂方面へ発つことになった。その折白石藩隊長により我が藩へ談判があり、その内容は官軍に占拠されることを想定し、両藩合併して信夫山に拠り、福島を焼き払うというものであった。これに福島藩は断固反対し応じなかった。

七月三十日板谷宿駅で藩主に重臣たちが拝謁し、福島城開城を言上するが決まらず、さらに米沢藩と軍議をし、米沢藩の人数を福島へ至急繰り出すこと、官軍は高湯温泉を焼き払い米沢へ進むおそれがあるため、兵を差向けるようになどと談義された。

藩主は福島へ戻ることとなり、八月一日朝板谷を発し福島へ引き返した。

その後米沢藩兵が福島へ繰り込み、本陣黒沢六郎兵衛宅などへ入る。しかし防御には兵隊が足りず、仙台藩へ福島応援兵出兵を願うため遠藤条之助を遣わし、白石斎藤理左衛門の協力で仙台に着き一大隊の応援を承諾した。

そして官軍を迎え打つため仙台・米沢・会津・二本松・棚倉・磐城平・山形・上ノ山などの藩から人数を繰り込み、各藩隊長は福島城中に集まり軍議が行われ、長楽寺へ軍事局を再開した。

奥羽軍総督となった旧幕府老中小笠原長行の指揮のもと、福島須川関門より清水町以北は仙台藩、水原方面大森へは米沢藩・棚倉藩、渡利村立子山へは福島藩、二本松口本道筋には仙台・山形・上ノ山の各藩が出兵することになった。

そして福島町所々や渡利村弁天山、信夫山烏ヶ先へ毎夜篝火を焚き警戒することとした。

一方板谷から引き返して以来、藩士のなかに降伏謝罪を主張する内藤豊次郎・鈴木六太郎・遠藤謙吾ら二一名の藩士は、城を出て二本松屯営の官軍石黒努・西村捨蔵などに謝罪降伏し、再三哀願して許されることとなった。

九月二日藩主勝尚は渋川教之助（父は勝長の六男勝定）、内藤豊次郎などの方針を受け入れ米沢藩降伏の兆しもあり、参謀方へ謝罪降伏状を出し謹慎となった。その後九月二十二日会津藩が降伏した。

・福島藩降伏開城

十二月二十九日に行政官から奥羽諸賊と同盟順逆の罪で二〇〇〇石召し上げ領地替えを命ぜられ、藩主板倉勝尚は隠居、実子勝英は幼少のため渋川教之助が相続することになり、名を勝《かつ》達《さと》と改めた。当初会津大沼郡九〇か村一万七〇〇〇石余を与えられたが、明治二年正月三河重原陣屋領を仰せ付けられ、六月に大沼郡は上知となり、三河国碧海・賀茂・設楽の三郡のうち一六五か村一万七二一石を命ぜられた。ここで福島藩は消滅し、城は引き渡すことになった。

以上は福島藩士であった山岸文蔵が明治三十年代に著した「板倉家御歴代略記」（『福島市史資料叢書第22輯』）に基づいたものである。

五、「福島城」の開け渡し

福島城を民政取締りへ引き渡す

慶応四年（一八六八）九月会津の戦いが終わると、十二月新政府は福島藩に対して、「王師ニ抗衡《こうこう》候条、大義順逆ヲ不相 辨《わきまえ》次第、其の罪不軽、屹度《きっと》御咎可被仰付之処、出格之　思召ヲ以禄高之内二千石被　召上土地替被　仰付家名相続之儀者血脈之者江可被仰付候事」と言ってきた。

つまり奥羽越列藩同盟に加わり新政府に抵抗した罪により、二〇〇〇石を没収し領地替えおよび藩主の隠居を命ぜられた。

この沙汰を十二月二十四日東京府大広間で申し渡された吟味役の野村牧之助は、翌日東京を早駕籠で出発し直ちに福島へ伝えた。新政府は福島城を、民政取締役の相馬因幡守（中村藩）および牧野金丸（笠間藩）に城地を引き渡すよう命じ、領地替えは後に御沙汰があるとの行政官からの達しであった。

明治二年正月元日に福島藩家中へ総触れを出し、引き払いの準備に入るよう通知し、二日には藩士に貸し与えた武器の返還を命じている。また四日には、家中の城内引き払いのため町家への分散宿泊の準備を命じている。十二日には中村藩勘定奉行山田左衛門が福島へ到着し、御蔵用達役の二宮嘉助を通じ、福島城地については笠間藩と中村藩が磐城平において協議しており、委細については追って通知すると知らされた。因みに二宮嘉助は、後に初代福島市長になった二宮哲三の祖父に当たる人物ある。

二月二日東京から飛脚が到着し、行政官より板倉教之助宛に、領地替えとして岩代国大沼郡一万七七五四石余が下賜《かし》された。

•大殿様（藩主）康善寺へ移る

二月五日に大殿様（板倉勝顕）、御子様方と勝顕の弟菊次郎様が中町の康善寺へ引き移り、中奥様（勝尚公の奥方）は船問屋諏訪孝衛門宅へ移る。

•中村藩役人が福島城を見分

三月十一日、追手門、中門の開門さらに西門、東門、北門にそれぞれ番人を当て、四ツ時（午前十時頃）中村藩執政泉田豊後ならびに参謀・軍務係・軍目付・使番・司令士・兵食奉行・勘定奉行・普請方・器械方などの役を追手門から繰り入れる。執政などは物頭らの案内により追手門御門台へ登り、それから太鼓櫓、西門、武器蔵、馬場を通り中門へ、そして本丸を見分し、さらに二の丸御殿玄関脇武器蔵を見分し、玄関から御書院上の間に進み着座し、面謁しさらに居間奥まで見分し滞りなく終わり追手門から見送った。

なお中村藩諸役人数は、執政泉田豊後ほか二七名余であった。

•福島城図面および郷村高帳を引き渡す

翌十二日相馬因幡守様執政泉田豊後へ、福島藩執政名倉治部助《じぶのすけ》・内藤豊次郎より城郭之図が渡され、郷村高帳は郡代より中村藩使者鈴木武衛門へ引き渡された。

また御居館（御殿）の図と調帳は吟味役御賄役より中村藩兵食奉

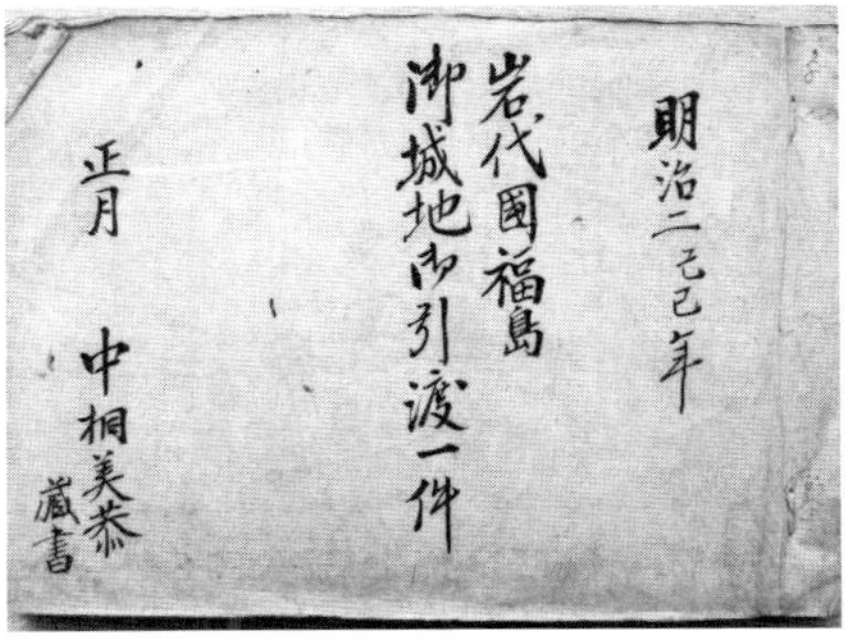

写真32　明治２年岩代国福島御城地御引渡一件
（福島市教育委員会蔵）

行門間亘へ渡され、城内蔵ならびに家中屋敷長屋の調帳と鍵も同人へ渡し、各御門の鍵は軍目付の門間治郎右衛門へ渡された。

午の刻（午後十二時頃）には引渡しが滞りなく済み、御家中面々へみだりに城内への立ち入り禁止の触れを出す。

・仙台鎮台と福島県庁

藩主板倉氏は国替えとなり三河へ移り、福島藩は消滅し福島城は民政局取締所となった。まもなく明治二年七月二十日には信夫・伊達・安達郡からなる福島県が成立し、十一月県庁が開かれ福島城内の建物は県庁舎として使われることになった。

明治四年（一八七一）十一月三日二本松県に統合されたが、同十四日再び福島県となった。明治六年（一八七三）二月旧福島城地に仙台鎮台分営所が設置されることになり、城地は渡され、県庁は常光寺に仮庁舎を設け移った。しかし手狭であったため、十月に福島城郭拝借願が出され、十一月二十一日に県庁は再び福島城へ戻った。仙台鎮台に引き渡された折り、城御殿の総畳数六二八畳半が入札により払下げられ、畳の部屋を洋間に改装されたとみられる。

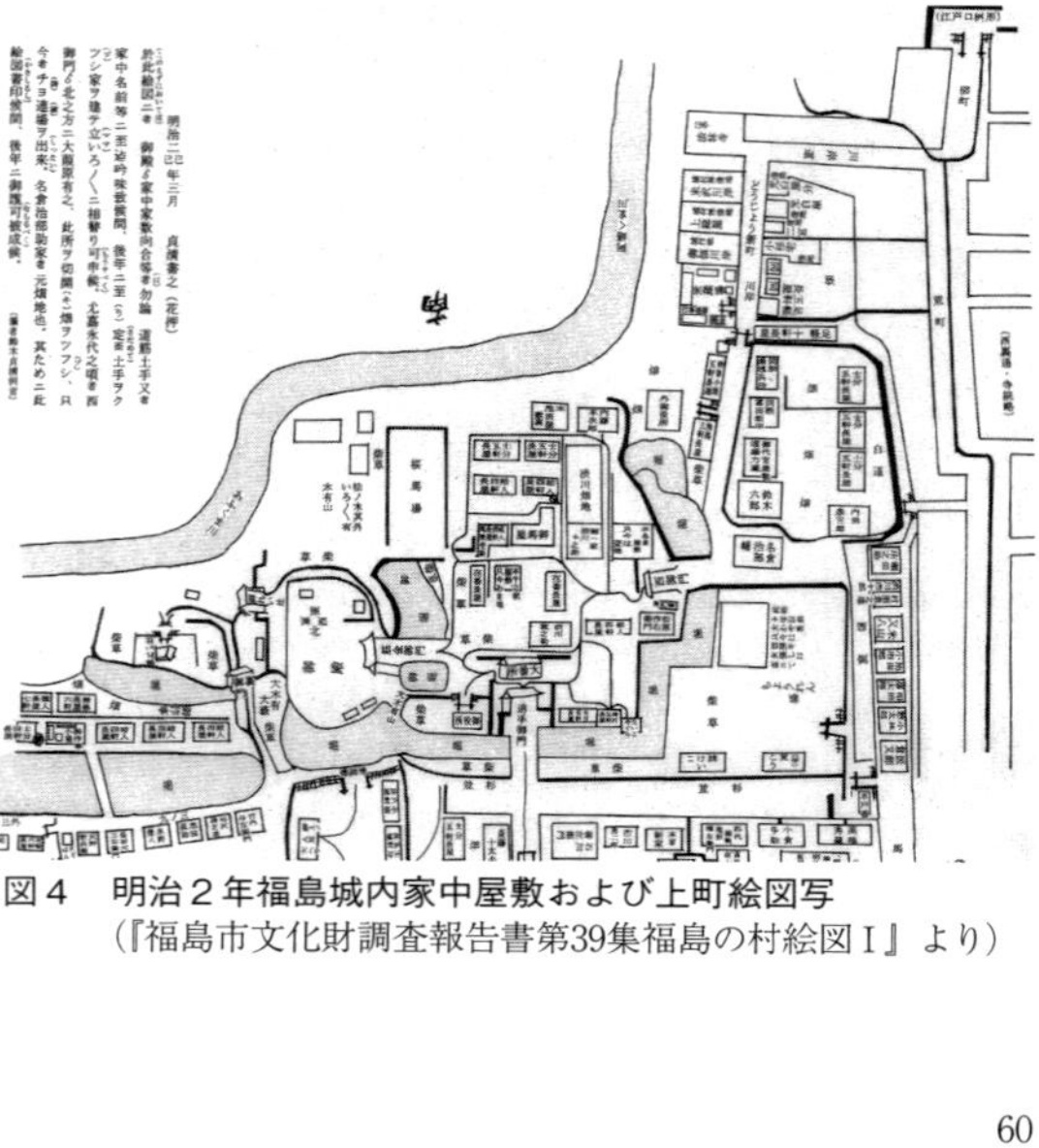

図４　明治２年福島城内家中屋敷および上町絵図写
（『福島市文化財調査報告書第39集福島の村絵図Ｉ』より）

おわりに

福島城については、建物は全く残っていません。また遺構についてもわずか土塁の一部を残すのみとなっています。明治になり堀は完全に埋められ、公的施設などに利用されました。そのため正確な位置をつかむことができません。今後、発掘調査によりその事実が証明されることを期待します。

福島城や城下町については、これまで先行研究が進んでおりますが、一般的には知られていないのが現状であります。今回のブックレット企画により、福島城のことをより一層多くの方々に知っていただき、より深く認識されることを期待したいと思います。

今回この本の執筆に当たって、ご指導ご協力を賜りました鈴木啓先生・守谷早苗先生・柴田俊彰先生・江代正一先生、また福島県立図書館・福島県歴史資料館・福島市史編纂室に感謝し御礼を申し上げます。また、ご丁寧にご指導いただきました歴史春秋社の担当者の方々に厚く御礼申し上げます。

【参考文献】

安田初雄「奥州福島城下の形成」『福島大学教育学部論集　社会科学部門　第50号』
鈴木　啓「福島城の変遷と構造」『福島考古　第42号』
大村三良「福島用水（御殿水）」『福島市水道六十年史』
姉歯量平『仙台藩軍監姉歯武之進』笹氣出版印刷株式会社
『福島の文化財』「福島市文化財調査報告書　第39集　福島の村絵図Ｉ」福島市教育委員会
『福島市の中世城館　Ⅱ』「福島市文化財調査報告書　第36集」福島市教育委員会
『東國太平記　巻之一四』宝永三年
『福島城相伝』金沢椿山
『福島市史　２近世１』福島市教育委員会
『福島市史　７近世資料１』福島市教育委員会
『福島の文化』「福島市史別巻Ⅶ」
『ふくしまの歴史　２中世』
『ふくしまの歴史　３近世』
『福島市史資料叢書　第60輯』「政事集覧」
『福島市史資料叢書　第22輯』「板倉家御歴代略記第参」

著者略歴

村川　友彦（むらかわ　ともひこ）

1945年山形県村山市生まれ
東北学院大学文学部史学科卒業
福島県歴史資料館退職
福島県史学会会長
著書：歴春ふくしま文庫㉛『蚕と絹と民俗』（歴史春秋社）
歴春ふくしま文庫㉘『近世ふくしまの旅』（歴史春秋社）
『福島県農業史』４（共著　福島県）

表　紙…福島城中曲輪之図『板倉家御歴代略記附図』（個人蔵）
裏表紙…伝福島城瓦（福島市教育委員会蔵）
題　字…島貫　倫

歴春ブックレット信夫3

幻の福島城

二〇一六年二月十二日第一版　発行

著　者　村川友彦

発行者　阿部隆一

発行所　歴史春秋出版株式会社

〒965-0842　福島県会津若松市門田町中野

電　話　〇二四二(二六)六五六七

FAX　〇二四二(二七)八一一〇

印　刷　北日本印刷株式会社